高中地理课程与教学研究

轩群英◎著

哈尔滨地图出版社
·哈尔滨·

图书在版编目（CIP）数据

高中地理课程与教学研究 / 轩群英著. — 哈尔滨：哈尔滨地图出版社，2020.6

ISBN 978-7-5465-2111-4

Ⅰ. ①高… Ⅱ. ①轩… Ⅲ. ①中学地理课—教学研究—高中 Ⅳ. ①G633.552

中国版本图书馆CIP数据核字（2020）第093661号

哈尔滨地图出版社出版发行

（地址：哈尔滨市南岗区测绘路 32 号　邮政编码：150086）

北京政采印刷服务有限公司

开本：787mm × 960mm　1/16　印张：13.75　字数：278 千字

2022 年 6 月第 1 版　2022 年 6 月第 1 次印刷

ISBN 978-7-5465-2111-4

印数：1–500　定价：58.00 元

前言 FOREWORD

高中地理课程与教学相关理论是高中地理教师教育的重要组成部分，在培养新型师资中具有不可替代的作用与功能。高中地理教师应充分发挥地理课堂的作用，增加教学研究空间，扩展教学研究视野，提升高中地理教学研究水平。因此，对高中地理课程与教学相关内容进行研究，是教师教育发展的需要，也是地理课程与教学改革的方向。

本书共分六章。第一章、第二章主要介绍高中地理课堂相关内容，如高中地理课堂的教学目标、问题设计、学生行为的观察及评价、高中地理课堂教学策略等。第三章讲述了高中地理教学模式的相关知识，包括对支架式教学模式、翻转课堂教学模式、抛锚式教学模式、导学案教学模式以及地理教学模式的匹配性与有效性等。第四章、第五章概括性地介绍了高中地理教学实践的相关内容，具体包括高中地理教学信息化与动画制作、高中生地理核心素养培养、高中地理与微课、高中地理教学的实践活动等。第六章介绍的是高中地理教学评价的具体内容，主要包括地理教学评价、高中地理教师评价、高中地理学生评价等。

本书逻辑思维清晰，结构合理，重点突出，内容丰富、全面、系统，理论结合实际，阐述深刻。笔者在撰写过程中查阅了大量的资料文献，引用了大量的国内外相关领域的最新成果与资料，具有前瞻性、先进性和实用性，在此向这些专家和学者致以衷心的感谢。由于笔者时间和精力有限，不足之处在所难免，敬请各位同行和广大读者予以批评指正。

目录

CONTENTS

第一章

高中地理课堂概述

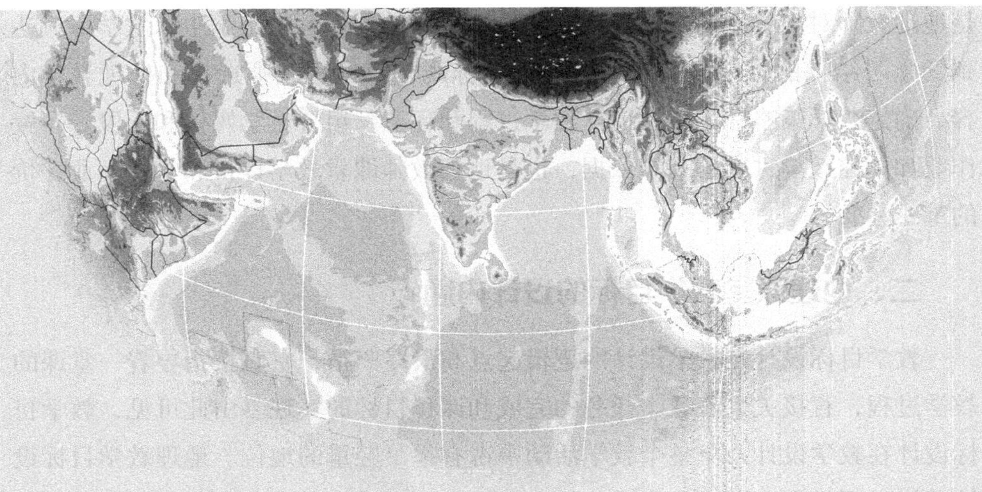

第一节　高中地理课堂教学目标

一、地理课堂教学目标的内涵

地理教学目标具体可划分为地理课程教学目标、地理单元教学目标和地理课堂教学目标等三个层次。其中，地理课堂教学目标又称地理课时教学目标，是地理教学目标中最下位、最具体、最基础的教学目标，地理课堂教学目标也是地理课堂教学活动实施和教学效果评价的基本依据。广大一线地理教师通常所指的地理教学目标就是地理课堂教学目标，也是本节的研究对象，为方便起见，下文中的地理课堂教学目标简称为地理教学目标。地理课堂教学目标是一种短期的教学目标，主要是指通过一节课或同一主题几节课的教学后预期达到的教学效果。地理课堂教学目标实质上是对地理课堂教学过程所做的详细具体的描述，是对学生外显的学习行为过程与结果以及学生内部心理变化的预期，是地理教师对教学活动实施的方向和教学结果的预期，也是学生课堂学习应达到的学习结果的预期。地理课堂教学目标既是对地理教师选择和处理教学内容、确定教学策略和方法、设计教学过程和环节、组合教学媒体和手段、布置作业和调控教学进度的基本依据，也是地理教师课堂教学评价和学生学业评价的重要标准。

二、地理课堂教学目标的设计内涵

教学目标设计是教学设计的逻辑起点和最终归宿，它直接指导着一堂课的教学过程，直接关系着教学任务的完成和课程目标的实现。由此可见，教学目标设计在教学设计乃至整个教学活动中占有举足轻重的地位。地理教学目标设计是指地理教师运用现代先进的教育理论为指导，在对地理课程标准、地理教材和学情深入分析的基础上，对师生课堂教学活动引起教学预期结果的规划，它包括知识与技能、过程与方法、情感态度与价值观三个方面。

三、地理课堂教学目标设计的理论基础

（一）地理科学理论基础

地理科学理论是地理教学目标设计的最重要、最直接的理论基础。地理教学是将地理科学的基础知识、基本技能作为基本的教学内容来教育学生的活动。地理教材作为地理科学知识的载体，是地理教学目标设计最为重要的依据。没有地理科学，也就不存在地理学科教学目标设计理论的建立和发展。地理科学不仅提供了丰富的地理学科理论知识，而且提供了地理科学的方法论，它是深入研究地理教学系统和教学过程的特殊规律的重要理论基础之一。地理科学是一门综合性、区域性很强的学科，它横跨自然和人文两大学科，地理科学独特的学科特点从根本上影响和指导着地理教学目标的设计。因此，在地理教学目标设计过程中，应将地理环境的整体性、区域性与人地相关性等方面作为地理教学目标设计的学科指导思想。

（二）地理教学理论基础

教学理论是研究教学的现象、解决教学的问题、揭示教学的一般规律的一门科学。它是指人们以各种教学现象或教学问题为研究对象，通过探讨、解释和预测，形成系统的教学观念和方法体系，是人们对各种教学现象及问题本质的、能动的、系统的反映。而地理教学理论是在教学理论的基础上，依据地理学科的特性，以地理教学现象或地理教学问题为研究对象，研究地理教学一般规律的科学。地理教学理论研究的主要问题是“地理学科怎样教”，研究的核心问题是“怎么教才有效”。地理课堂教学目标的设计和实施的目的都是提高地理课堂教学的有效性，促进学生的发展。因而教学理论，尤其是地理教学理论作为地理教学目标设计和实施的直接理论基础，为地理课堂教学目标的设计提供了理论依据。

（三）系统科学理论基础

系统论认为世界上的每个事物都可以看作一个系统，我们的世界是若干系统的集合。系统的构成具有一定的条件：首先，由一定的元素构成；其次，各要素之间相互联系；最后，有系统存在的环境。系统论的核心思想是整体观念，即任何系统不是几个元素的简单累积，而是一个相互联系、相互作用的有

机整体，整体的功能大于各个部分功能之和。系统论强调把研究的对象看作一个系统来分析其结构及其作用，探究系统、元素和环境三者之间的相互关系，从而达到优化系统的目的。地理课堂教学就是一个系统，它是由地理课程、地理教师、学生、地理课堂教学目标、教学媒体、教学方法、教学评价和教学环境等多要素在教学环境中相互联系、相互作用而共同组成的一个有机的系统。地理课堂教学目标设计依赖于课堂，又落实于课堂，反馈与评价于课堂。地理课堂教学目标的设计需要在对地理教学系统各要素分析的基础上，把影响教学目标设计的地理课程标准、学习内容、学生等地理教学系统的各个因素综合在一起，从整体上进行把握，把地理课堂上的教师、学生、教学内容、教学情境等看作是一个相互联系的课堂系统，教学目标的实施也要综合考虑课堂各因素，使教学过程最优化，从而使地理课堂教学系统整体功能最大化。

四、基于核心素养的地理课堂教学目标的达成措施

（一）充分体现地理学科的思维及方法

地理教学目标的实现，教师必须要重视三大体系的建成。首先是人地协调观。人地协调观就是指对人和地理环境关系研究的学科，在这一板块中，教师要将重心放在地理知识的开发和延伸上，将人和大自然的关系进行调整，使二者可以和谐相处。其次是区域认知性和综合思维。这两个方面其实就是体现地理学科区域性和综合性的地方，这两个特征也是地理学科久存的。区域性就是代表两个地区之间有着差异，而综合性则反复强调了地理的整体性。最后是实践能力。实践能力指的是地理教学要不断提升学生的地理知识应用能力。学习的目的就是使用，地理也是如此，在实际的教学过程当中，教师除了传授给学生地理理论知识之外，还应当尽可能制造实践机会，这是验证学生学习结果的有效方法。教师可以组织学生进行野外考察，在考察的时候，学生可以将自己在课堂上学习到的理论知识用到实地中，而这也是核心素养的体现。例如，教师组织学生一同前往学校周围的观光农业区，让学生实地调查农业区环境的变化条件。一般来说，农业区环境的变化条件包含了市场、交通、技术等，学生将自己所学知识应用进去，对农业区的变化因素进行分析和判断，将变化可能造成的后果写下来，并做到举一反三，这样一来，学生不仅掌握到了相关的地理知识，还懂得了如何进行实地调研，对将来的就业也有一定的帮助。

（二）重视问题式教学

在我国实际的地理教学过程中，基本上都是脱离实践的，问题式教学旨在把课堂内容糅合在一起，并从中发现问题。该教学模式可以分成四个步骤，先整合知识，再提出问题，然后分析问题，最后解决问题。在地理课堂教学中，教师先将课本上一些比较简单的问题整合起来，再给学生制造足够的时间使其自己思索，针对一些比较复杂的地理知识，教师可以让学生自由组队共同完成。在学生讨论过后，教师让学生将自己的疑问提出来，问题得到认可之后，再让学生从中寻找答案，从而构建一个完整的知识架构。地理是来源于生活的，也是服务于生活的，为了让学生可以更加直观地看到地理现象，在条件不允许的前提下，教师可以利用多媒体呈现一些实时图片或视频给学生看，当学生进入解决问题这一阶段时，教师就可以让学生自主发表意见，随着时间的推移，地理学科的核心素养也渐渐得到了升华。例如，教师将“德国某矿区资源的开发和利用为何符合可持续发展理念”作为授课核心，让学生在综合学习了矿产资源这一内容的基础上，再结合德国的经济现状和发展趋势，分析矿产资源和可持续发展之间的关系，最终为该问题画上一个圆满的句号。在“德国某矿区资源的开发和利用为何符合可持续发展理念”问题上，首先，教师要了解学生对于这一类型的知识的基础认识有多少，对于学生针对该问题可能存在的疑惑要做好准备。其次，教师要设计一个问题链条，站在自然地理的角度上对德国的地理环境与人类之间的关系进行大致的阐述。比如，德国某矿区的地理位置是怎样的，今年的经济发展态势如何，将来发展如何，存在哪些问题等。这些问题之间有着层层递进的关系，有着较强的逻辑性和细分化，而这样设计的目的就是让学生可以在课堂上对遥远的事物有所了解，并且这一过程是全班一起参与进来的，有着较强的覆盖性。在实际的地理教学过程当中，教师要尽可能防止一个学生只解决一个问题，这样只会导致事倍功半。

（三）在教学中应用信息技术

21世纪的到来也带来了很多的现代化信息技术，在核心素养背景下实施地理教学，教师应该懂得如何正确且适宜地使用信息技术，在使用信息技术时，既不能过度地使用，也不能不使用，3S技术和谷歌地球等技术的出现，的确给地理教学带来了很大的优势，但是，由于有些教师过度使用信息技术，而将传统的地球仪和挂图遗忘了。在传统的地理教学中，地球仪、版图、标本等都是经常用到的教学工具，在今日，即使出现了越来越多的现代信息技术手段，也不能忘本。没有一件事物是十全十美的，信息技术有优势也有劣势，如果教师在使用的时候没有掌握好方法和尺度，就会导致物极必反的负面结果。在教学时，不能过度崇拜高新科技，为了更好地体现出地理教学效果，教师必须将传统教学工具和现代技术进行有机的结合，从而形成互补，提升我国地理教学质量，促进学生的全面发展。

第二节　高中地理课堂教学语言

一、地理教学语言的概念

地理教学语言是教师输出地理知识的信息本体，也是向学生进行思想品德教育和智能开发的媒体，是帮助学生掌握地理基础知识和基本技能的重要工具。职成文认为，地理课的课堂语言，是地理教师向学生讲授知识、交流情感的重要工具。在地理课堂教学中，恰当运用不同的课堂语言，对课堂教学效果会产生重要的影响。麦锡辉认为，地理教学语言是地理教师进行地理教学最基本、最重要的工具，是最直接、最方便传递地理信息的载体，是教与学、师与生之间进行交流、传授知识、培养能力、指导学法、进行德育的主要手段。包秀艳认为，地理教学语言是地理教学过程中师生交流的基本工具和方式，它主要是指教师用声音、表情和动作对教材内容进行叙述时的行为方式。地理教学语言是地理教育过程中师生交流的基本工具和方式，它主要是以声音、表情和动作的方式传播地理知识信息。

二、高中地理课堂教学语言的类型

由于分类的角度和标准不同，对教学语言的分类就各不相同。从表现形态上，可将教师的语言分为口头语言、书面语言、体态语言三类；按照思维过程，分为内部语言和外部语言；按照教学环节，分为导语、提问语、阐述语、应变语和结语；按照师生语言融合的倾向，可将其划分成主导型语言、均等型语言和辅助型语言等。不管使用哪种教学语言都应力求做到简明准确、生动活泼，富有启发性和感染力。高中地理教学语言是指高中地理教师在教学过程中使用的口头语言，笔者认为高中地理课堂教学语言可分为以下三种类型。

（一）过渡性教学语言

过渡性的语言，是指联结课堂各个环节纽带的教学语言。“自主、合作、探究”课堂下的过渡性语言包括导入语、问题之间的连接语以及课堂结束时的结束语。

对于课堂中的导入语，很多教师都颇有研究，并且研究出很多可以操作的方式。我们认为在“自主、合作、探究”的课堂教学中，课堂导入语的功能一方面固然在于激发学生探究新知识的兴趣，使学生在课堂开始的时候就对新知识的学习充满好奇心，然而更为重要的是调动学生探究问题的欲望。心理学研究表明，要激发起学生真正对教学活动的参与欲望，使他们产生发自内心的合作、探究的动机，仅仅靠兴趣是不能长久的，更重要的是激发学生内心对问题探究的需求，而这种需求更多源于学生的问题意识。所以“自主、合作、探究”课堂教学中的导入语应该以“问题意识”为先导，积极地创设问题情境，真正地激发学生探究的欲望。当然也可以教给学生一些基本的探究方法，如观察法、比较法、查阅资料法、讨论法、实验探究法等，让学生掌握如何针对阅读对象提出问题，注重问题的数量和质量，寻找到问题的突破口，组织语言回答问题等。

课堂中问题之间的连接语是指在课堂教学中由一个问题向另一个问题过渡时所使用的语言。这种过渡性语言既有承上的作用，又有启下的作用。许多教师对这种过渡性语言的理解比较简单，认为它只是一节课内部各个环节之间的衔接用语，无关紧要，常常用“这一个问题就讲到这里，再看下一个问题”之类的语言来实现问题与问题的衔接，显得生硬、呆板。这种教学语言的使用，使学生的心理得不到自然的转接，学生对问题与问题之间的衔接就会淡然置之，他们认为上一个问题与下一个问题没有什么必然的联系，长此以往，学生探究问题的欲望就会逐渐下降。所以，科学、得体地运用问题之间的连接语，既能确保课堂教学的衔接紧密、转换自然，使教学结构完整、内容贯通、思路相承，又能确保学生在探究问题中心理的自然衔接，保持探究的欲望。

课堂结束语，也有人称之为“断课”，它是指教师在一节课结束的时候所用的教学语言，大部分地理教师在上完一节课后，常常回顾本节课的主要知识，然后布置相关习题作为课后作业，并不是启发式地引导学生，给学生提出几个问题，下节课讨论等这样一种形式。所以教师应该充分利用好这一重要时间段，精心设计结束语，使学生保持问题探究的动机。

（二）引导性教学语言

运用引导性教学语言时教师必须做到“含而不露”，然而过分明确则不足以起到引导的作用，不足以为学生留下锻炼思考的余地，这都起不到引导的效果。如学生接触文章以后，不是由教师直接提出问题，而是用“请谈谈读了文章后，你最想给大家说的感受”“你最想请大家讨论的问题”“你感到值得怀疑的地方”诸如此类的话语引导学生找出问题，自己求索，因为问题是自己提出的，思考起来也会最认真，效果会更好。再如合作、探究的过程当中，教师引导学生积极思维的话语如“你是怎么得出这个问题的答案的”“刚才他的回答对你有什么启发”“刚才两位同学回答的差异在何处”等，这样的语言可以把学生的探究引向深入，取得理想的教学效果。

学生们初涉探究问题，必然会遇到很多困难，而他们一遇到问题便会习惯性地向老师询问。如果教师在这个时候直接帮助他们，就会失去培养学生独立探究能力的机会，所以教师要注意做到巧妙引导。在“自主、合作、探究”课堂教学中，“引导”是指通过教师的语言帮助学生发散他的思维去思考、比较、联想和分析，共同完成探究的问题。授之以鱼不如授之以渔，教师扮演一个引导的角色，并不是给学生提供答案，而是给学生一个思路，充分发挥学生的主观能动性，去解决问题，这样在遇到类似的问题时，学生就很容易解答，还能培养学生自主学习的能力。

（三）赏识性教学语言

当然，教师的评价要注意实效，既不要大肆夸张，如“你是未来的地理学家”，也不要泛泛而谈，如“不错、很好”。让学生在赏识中成为勇于尝试、敢于探索、不断进取、具有积极健康心理的开拓型人才。

苏联著名教育家苏霍姆林斯基说过，教育是人与人心灵最微妙的相互碰撞。作为教师，也许不经意地对学生轻描淡写的一句鼓励，简单的一个爱抚，随意的一个暗示，都会给学生留下难忘的印象，也会让教师因此而走进学生的心灵，这就是心灵对话的魅力。教师应与学生进行平等的对话，善待每一个生命，用真诚的对话与心灵交流，用欣赏的眼光去看，用赏识的语言去说，消除学生心理上的障碍，使他们充满自信，健康、活泼、愉快地成长。

三、提升高中地理课堂教学语言的方法

（一）要多方位、多层次地挖掘生动形象的言辞材料

1. 深挖教材内容

深挖教材内容，从教材本身去发掘一些生动形象的语言材料。教师要寓教于乐，激发学生兴趣。现行的高中地理教材中生动形象的语言描述有很多，如果教师能在课堂上用表情去朗读，或者绘声绘色地描述一下，既能激发学生的学习兴趣，又能突出主题，还能增强记忆，达到甚至超过预期效果。

2. 注意学科的横向联系

注意学科的横向联系，结合其他学科中有关地理方面的片段来丰富地理课堂语言。可将语文适当用于地理教学，如陈毅在《赠缅甸友人》中写道："我住江之头，君住江之尾，彼此情无限，共饮一江水。我汲川上流，君喝川下水，川流永不息，彼此共甘美。"这首诗通过对横断山区怒江的描写，歌颂了我国与缅甸友好邻邦关系，进而使学生在诗中了解到怒江向南流入缅甸更名为萨尔温江注入印度洋，同样符合现行高考的文科综合教学。

3. 运用地理诗歌来加强课堂的语言艺术

教师要善于学习，平时注意收集诗、词、歌谣或自己编写一些地理诗歌，在教学中针对学生的年龄特征有选择地加以引用，这样不仅能活跃课堂气氛，而且有助于学生地理知识的记忆和理解，并能扩大知识面。

（二）在艺术语言材料确定后，教师要在肢体语言上下功夫

肢体语言往往被教师所忽视。据国外一名心理学家测定：感情的全部表态=7%的言辞+38%的声调+55%的表情（包括必要的手势）。肢体语言是教师的第二张嘴，课堂中教师适当运用肢体语言来配合传递地理教学信息，则可以进行直观教学，通过学生的视觉感受，唤起学生的注意，使其长时间保持兴奋姿态，精神振奋，增强记忆。肢体语言弥补了教师口头传授、文字板书等方面的不足，融知识性、趣味性、实用性和直观性为一体，达到了将抽象的地理事物形象化、将未见过的事物直观化、将平面图的内容立体化、将死板的图形动感化等效果，从而渲染课堂气氛，使课堂教学妙趣横生、富有生机和活力。同时，教师在地理课堂教学中，运用生动形象的艺术语言，并通过表情、手势等辅之以简单、明快的体态语言，使声、形、情有机融为一

体，调动学生的多种感官，不仅可以激发学生学习的浓厚兴趣，而且可以转化为学生记忆地理知识和理解地理原理的一种强力催化剂，从而收到理想的教学效果。

第三节　高中地理课堂问题设计

一、高中地理课堂问题设计的方法

（一）强化实践，精心设计问题

相关研究发现，高中地理教师在教学实践中问题设计部分存在诸多不足，根源在于问题设计随意，缺乏系统构思，缺乏问题设计的实践操作手册。因此有必要提出一套可行的问题设计流程。诚然，课堂教学是课前预设和动态生成的结合，我们不可能构思课堂上提出的所有问题，但是需要构思核心问题。如何构思一个更好的问题？本节在对高中地理问题设计现状分析的基础上，结合优质问题的关键特征和地理学科特色，提出了问题设计的流程。

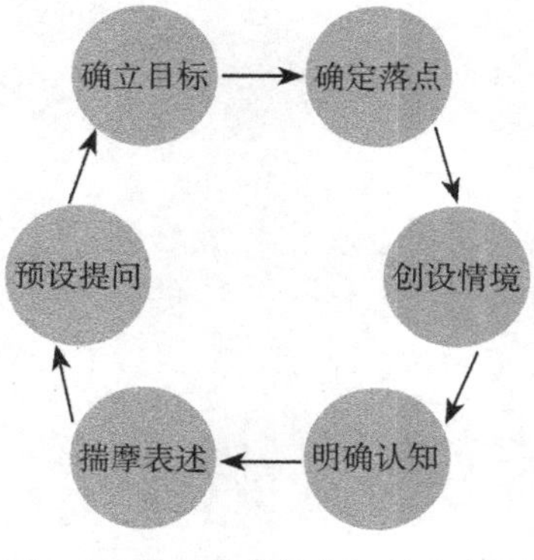

图1–1　地理课堂问题设计流程图

该流程以确立问题的目标为起点，以目标的实现为终点，进而确立新的目标，设置问题，如此循环往复、螺旋上升，推动教学进程。借助这一流程设计问题，能够统筹考虑课程目标、教学内容、学生的需要和兴趣，从而设计出符合问题有效性要求的系列问题。

1. 瞄准课程标准，确立目标

首先必须瞄准课程标准。无效问题表明教师对新课标的解读存在误区。对新课标解读的关键在于准确理解课标内容。现有地理课程标准对学生的学习要求有比较明确的行为动词指示，教师需要对这些行为动词做深入剖析。

研读《高中地理课程标准教学要求》（以下简称教学要求）可以辅助教师明确教学内容，把握教学的难度和深度。举例说明：结合实例，说明流域开发的地理条件，说明该流域开发建设的基本内容和综合治理的对策措施。教学要求对这一内容给予了详细的学习要求，即以某河流为例，运用图表资料，分析该流域的自然环境特征。鲁教版教材结合的案例是长江流域的开发，教材配置了长江流域图、中国地势剖面图、长江流域资源分布图，教师在设问时要指导学生分析自然特征和运用图表挖掘信息，而不是就记忆图表要素提问。新课标实行一纲多本，教师要瞄准课标，一方面用好教材，把教材作为学习材料，体现教材的基础性；另一方面又要跳出教材，掌握运用地理基本原理、规律来分析评价地理问题的基本方法。

明确课程标准和章节目标后，需要细化制订课时目标，用课时目标来进行问题定向。只有瞄准目标的问题才是有的放矢，才有教学价值。教师确定设问目的时，不仅要考虑认知目标领域的问题，也要适当考虑情感发展的问题目标。教师设问联合考虑学生知、情、意的发展，将利于三维目标的落实，建构有生命力的课堂。

2. 确定重点难点，落实问题落点

目标明确后，就需要落实问题落点，即在哪些课程内容上设置问题。教师面对不断增长的知识量和信息量，必须衡量哪些内容是学生最需要掌握的，哪些内容是学生不易掌握的，前者确定了教学的重点，而后者决定了教学的难点，从而设置问题来促进学生的学习。

在教学的难点上，教师需要研究学生，研究学生的思考，确定学生思维的“最近发展区”或“新知识的生长点”。苏伯尔也指出：“假如必须把一切教育心理学还原为一条原理，我就要说，影响学习最为重要的一个因素就是学习者已经知道了什么。弄清楚学生已经知道了什么，并在此基础上进行教学。”教师需要换位思考，“我的学生怎么学习的？他在学习中可能遇到的困难是什么？他已经学会了什么？”长期以来教师对教学内容的过度熟悉影响了教师对学生思维的关注，教师需要沉下心来，研究学生，研究学情，捕捉教学的难点，找准问题的落点。

3. 抓住学科特色，创设问题情境

当教师明确了提问的内容，就需要构思问题情境。长期以来，初中阶段对地理教学不够重视，直接影响了高中学生学习地理的热情。地理教师必须创设问题情境，利用材料的趣味性、新颖性和针对性（地理特色）迅速吸引学生的注意力，让学生体会到学习是一种精神享受，激发学生的求知欲和探究精神。

问题情境可借助生活案例、乡土地理。浙江宁波的严哲伟老师从圣诞老人的照片（针叶林、驯鹿、雪帽）入手引入北欧的自然地理环境的特征分析；山东的耿顺传、郑恩才老师从陕北民歌入手探究黄土高原的地表特征和成因；江苏太仓的朱英芳老师从太仓外企的迁入设计问题让学生探究产业转移；江苏沛县的蔡梅老师借助沛县城区图让学生探究城市功能区分布；浙江杭州的耿文强老师利用淳安县和杭州萧山区相关材料让学生探究区域的含义、区域特征、区域的可持续性发展等内容。借助生活地理、乡土地理，以课标和教材为本，但又不拘泥于教材，实现教材内容和生活实际的嫁接，让地理贴近生活，让地理课堂更有生活内涵、更有生命价值。美国教育家杜威在其教育论著中说过："教育是生活的过程，而不是将来生活的预备。"课堂教学生活化意味着教师要关注学生的日常生活，要引导学生从书本世界走向生活世界，加强书本知识与生活世界的相互联系，把学生引向各种实践活动，在开放的情境中引导学生去探索、实践和体验。

4. 分层设问，揣摩认知水平

教师创设好问题情境，就需要确定问题的认知水平。在课堂观察中，总发现一些游离的学生。问题倾向于记忆和理解，问题缺乏层次性，问题缺乏面向全体的适切性，是产生这一现象的原因之一。一方面，课标的多层次要求影响了问题的认知水平；另一方面，学生认知水平也存在差异，决定了教师的问题应当有层次，以满足不同学生的需要。

因此，推荐教师使用新版布鲁姆分类法对问题水平进行监控。该分类法结合了认知维度和知识维度：认知维度包括教师熟知的记忆、理解、应用、分析、评价和创造；知识维度包括事实性知识、概念性知识、程序性知识和元认知知识。事实性知识是离散的、孤立的内容元素；概念性知识是关于"更复杂的、有组织的知识类型"；程序性知识是"怎样做的知识"；元认知知识是"关于普遍认知和自我认知的了解和知识"。由于问题设计的目的在于引导学生思考，增加元认知维度的设问将有助于引导学生监控自我的思维和反思自己的学习。

5. 注重表述，考虑词法和句法

问题的表述应选用适切的词语，运用简单的句法。教师填写表格后，可以大声朗读这些问题，以便察觉问题的表达是否顺畅，是否容易理解。教师在设置高认知水平的问题时，特别需要凸显思维动词，辅助学生把握思维的方向，逐步改变问题设计中思维动词缺失的现状。

6. 揣摩思维，预设追问

课堂教学是向未知方向挺进的旅程，随时都有可能发现意外的甬道和美丽的图景，而不是一切都必须遵循固定线路而没有激情的行程。在课堂教学前，教师要精心预设，调动学生参与；在教学过程中，教师要练就一双慧眼，善于捕捉资源，促进课堂生成，不断积累教学经验，磨炼教学睿智，巧妙地抓住问题"借题"发挥。有研究表明，使用各种问题导向和探询技巧，不同成绩水平和不同社会阶层的学生都可以有所收益。

笔者认为，要提高教师的追问水平，模拟学生的思维是关键。有经验的教师在提问后对学生的回答通常有大致的预期。这种预期反映了教师对学生学习过程的某种了解，并且能运用恰当的追问引导学生的思维发展。而没有预期意味着教师需要在极短的时间内运用教学机智来面对动态生成，而这无疑对教师提出了更高的要求。建议教师在设计课前问题时，揣摩学生的思维：他们的可能回答是什么？他们是从什么角度来思考问题的？设置怎样的追问来引导他们监控自己的思维？并将预设的追问按照从特殊到一般，从低水平到高水平进行排序，以便在上课时快速参考，逐步改变提问过程中教师忽视学生思维、自问自答的情况。

（二）组织同行交流，加强自我反思

新课改的实施要求改变传统的教学观，进而改变教师的教学行为和学生的学习行为。但观念的更新不一定引起行为的变化，对新的教学观念如何转化为教师的现实教学行为仍缺少深入研究。

教师反思，被认为是促进教师职业发展的决定因素。波斯纳认为，没有反思的经验是狭隘的经验，最多也只是肤浅的认识。他提出了优秀教师的成长公式：成长=经验+反思。布鲁巴赫把教学实践中的反思分为三类，即“实践后反思”“实践中反思”和“为实践反思”。课堂提问作为一种情境性过程，既需要实践中反思，也需要实践后反思。实践中反思有助于推进课堂对话向深层次发展，实践后反思有助于教师总结提问行为得失，为后续的课堂教学积累经验。当教师全面反思自己的教学行为时，会使自己变得更成熟。在提问反思中，教师首先需要预想什么样的问题是完美的问题；其次对自身的课堂问题进行录音观察，分析和测量自身的设问技能；最后对问题设计进行不断练习，不断改进，逐步将问题设计技能融入地理课堂教学。

另一方面，教师需要借助同行形成学习共同体，组建“听问题”—“评问题”—“再设问题”—“课堂再听”互助团队，来研究课堂问题，持续不断地为每个成员创造问题研究的机会，共享个人对优质问题的理解，从而提高问题设计能力。

二、高中地理课堂问题的优化设计

（一）趣味化设计

问题趣味性的强弱会影响学生课堂兴致的高低，进而影响其课堂学习效率，教师应致力于增强设计问题的趣味性，使学生感觉探究问题是一个有趣的过程，并积极主动配合教师的课堂教学。例如，在进行《自然环境与人类活动的区域差异》教学时，教师可以首先利用多媒体播放一段视频，在视频中向学生介绍中国的人口密度及人们大致的生活状况、日本人的生活状况、因纽特人的生活状况、俄罗斯人的生活状况等，学生通过视频感受各国人民的生活状况会更有新鲜感，教师则应利用这种新鲜感及时提出问题：为什么这些国家的人生活状况各异，且生活习惯与居住条件都不尽相同？给学生一定的时间思考后再引导学生解答。大部分学生出国机会少，对其他国家人民的生活状况不了解，这个问题的提出能马上调动学生的兴致，在未知与差异面前，学生更能以饱满的精力投入课堂学习中。教师也应增加与学生的沟通，询问学生感兴趣的内容，在设计问题时尽可能加入这些更能吸引学生的元素。

（二）创新化设计

设计问题的方式和模式过于单一，学生会感到枯燥乏味，对学习地理学科的兴趣会逐渐下降。学生一般对新鲜的事物感到好奇，故教师在设计问题时应善于创新。例如，在进行《发达地区的可持续发展——以珠江三角洲地区为例》一节的教学时，教师往往会设计“经济快速发展的原因有哪些？”“产业结构有什么特点？”“产业结构有什么变化？”等问题，这些问题拘泥于知识层面，对学生没有吸引力。教师可以打破课本的限制设计问题，如“粮食种植面积为何不断减少？”“产业结构的变化会有怎样的意义？”等，这些问题和课本知识既有密切的联系，有利于学生理解教材，又是对课本知识的拓展延伸，学生在思考并分析这些问题时能充分发挥自身想象力，在提升思维能力的同时培养自身的创新能力。

（三）图表化设计

地图是地理学习的重要工具，学生在学习地理的过程中需要具备将地图与抽象知识结合的能力，教师应使设计的问题图表化，将地图、表格与知识结合，逐渐培养学生的地理思维。例如，在进行《人口增长与人口问题》一节的教学时，教师可以在课前利用网络寻找近年来中国人口变化的曲线图，将其以图片形式放在课件中，在学生观察过程中提出问题：“中国的人口增长呈现一种怎样的趋势？”“长期如此，中国会面临怎样的人口问题？”等。又如，在进行《分析判断气候类型》一节的教学时，可以将某地的全年降水曲线和气温曲线在多媒体上进行展示，让学生观察这些图像并结合所学知识判断该地属于什么气候类型。有效运用图表设计问题能培养学生的抽象思维，使学生学会看图表、用图表，对其理解能力和解题能力的提升都有较大帮助。

（四）条理化设计

条理化设计问题能让学生更加有序地掌握知识，了解各知识点之间的联系，帮助学生形成一定的知识框架。在设计问题前，教师应将本节课的知识点列出来，画出树状图并结合树状图内容有条理地设计问题。例如，在对《人口与地理环境》这一章节进行教学时，教师应首先对本章节内容进行整理和汇总，将本章节内容分为“人口增长与人口问题”“人口迁移与流动”“人口分布与合理容量”三个部分，随后分别针对这三个内容设计问题，如“人口增长的趋势如何？”“人口迁移与流动的趋势是怎样的？”“人口合理容量应是多少？”等，再将这三个内容联系起来，使学生了解并掌握知识点之间的联系。高中地理知识点繁杂，建立整体知识框架对学生的学习大有帮助，条理化设计问题能有效达成这一目的，使学生更加有条理地学习地理知识。

第四节 高中地理课堂讨论活动

一、高中地理课堂讨论活动的有效性

新课程倡导“自主、合作、探究”的教学理念，这种教学理念在课堂教学中主要是通过课堂讨论来实现的，但是在地理课堂教学实践中出现了许多形式化、低效化的现象，尤其是地理课堂讨论，往往流于形式，看似热闹，实则是低效甚至是无效的。那么，如何提高地理课堂讨论的有效性?

（一）精心设计讨论的问题

教师精心设计讨论问题是获得成功的关键。讨论问题受地理课堂教学目的和要求的制约，且不能游离于地理课堂教学内容之外，应兼顾地理教学内容的重点和难点。讨论问题的难度要适当，要考虑学生的心理特点、认知水平和情感体验。问题太难，会使学生感到高不可攀，挫伤其探究的积极性；问题太简单，则会使学生对讨论的兴趣锐减。如果教师在某些方面的知识或信息不如学生丰富，也可以设计问题组织学生进行讨论。教师提出问题后，可先给学生一些独立思考的时间，以便学生能够整理思绪，组织语言，同时教师要将讨论的问题或关键词写在黑板上，以帮助学生提高学习的效率。

（二）合理组建讨论的小组

讨论问题确立后，要组建讨论小组。讨论小组应以4～6人为宜，将具有不同知识结构、学习能力、学习风格的学生进行优化组合。一般来说小组内应设小组长、记录员、汇报员各一名。教师还可以根据不同的活动需要设立不同的角色，并要求小组成员既要积极承担个人责任，又要相互支持、密切配合，发挥团队精神，有效地完成小组学习任务。

（三）准确把握讨论的契机

1. 准确创设课堂讨论的契机

课堂讨论和学生掌握知识的各个环节，即认识、理解、应用是紧密结合的，它们可使教学的诸项目标得到全面落实。因此，教师要紧密结合地理课堂教学的各个环节，特别在知识的重点处、疑难处和关键处创设问题情境，根据学生的心理特点和知识水平，提出具有挑战性的问题，采取恰当的方法组织学生开展课堂讨论。

（1）在教学的重点处开展课堂讨论。教师围绕教学重点组织讨论，往往能使学生的思维逐步深入，促进学生思维的发展，促使学生对知识的掌握更加牢固。因此，教师要认真钻研和熟悉教材，把蕴藏在教材中的知识点挖掘出来，组织学生开展课堂讨论、研究。这不仅能增强学生探讨问题、研究问题的能力，还完成了地理教学目标，并发展了学生的思维。

（2）在学生理解的疑难处开展课堂讨论。教学难点是纵横交错的关节点，学生对有些抽象的知识会产生理解上的困难，如果在教学中采取讨论的方法，就能帮助学生完成认知目标。

（3）在知识的关键处开展课堂讨论。教学中的新知，常是旧知识的延伸或几个旧知识的结合，这些新旧知识的连接点就是教学的关键。有些问题，如果要解决它需要有一些“突破口”，这些“突破口”就是解决问题的关键。在这些关键处，组织小组讨论能加深学生对新知识的理解，使问题得到顺利解决。

2. 准确捕捉课堂讨论的契机

课堂讨论是提高教学效果的有效方式之一，直接影响着讨论的质量和效果。因此，教师在对学生深入和全面了解的基础上，课堂教学中要捕捉出一些能产生新思维和新方法的问题，组织学生讨论。

（1）在学生有不同见解时开展课堂讨论。由于学生思考问题的角度不同以及认知水平的差异，不同的学生对同一个问题会产生不同的想法，这是思维真实的表现。对于学生不同的见解，教师不能简单地否定或肯定，要从尊重学生的个性出发，鼓励学生勤于思考，激起学生的求知欲望。教师可以从学生的想法中捕捉有代表性的意见，组织学生展开讨论。

（2）在学生解答出现错误时开展课堂讨论。由于学生的认知水平不同，以及思维方法的不合理，在解答问题时经常会出现错误，这正暴露出他们的真实情况，即学习的内容没有掌握好。所以，教师在教学中要及时捕捉学生的错误，引导学生去探究、讨论，并及时予以纠正，这对保护学生创新意识，培养学生探究能力很有好处。

（3）在学生提出问题时开展课堂讨论。学生经常会对一些难以解决的问题产生怀疑、困惑，从而促使他们提出问题。学生会提问题，这是主动求知、掌握学习方法的基点。所以，教师要结合问题，抓住契机，让学生在集体讨论中解决问题。

总之，讨论要让每一名学生都充分参与，积极地发表自己的观点，直到达成共识。相关实践证明，合理组建讨论小组，选准讨论内容，找准讨论时机，及时恰当的评价，能最大限度地给每个学生提供参与讨论的机会，培养学生的探究能力，真正实现地理课堂讨论的有效性。

二、高中地理课堂讨论活动开展的优化策略

（一）鼓励学生积极参与课堂活动

1. 态度决定状态

通过培养学生对地理学习的兴趣，引导学生主动参与课堂活动是最好的手段。教师可以通过创设问题情境，激发学生的求知欲和好奇心，让学生主动参与到课堂教学活动中。例如，学习《世界洋流的分布》时，教师可创设洋流与航海的相关情境激发学生兴趣。第一，请在世界地图上绘出哥伦布两次跨越大西洋的路线，并标注经过的洋流名称。第二，请在地图上指出郑和下西洋的路线，为什么冬季出发，夏季返回。第三，请指图讲解：客轮“泰坦尼克号”的航行路线、沉没地点及沉没原因。以上案例通过历史事件等材料，创设问题情境，既考虑到问题情境的现实性，又有利于本节课目标的达成，是实现教学目标的极好载体。

2. 增强活动形象性

教师可采用动手操作的方式进行课堂教学活动。通过学生动手参与课堂实验和演示等，让学生直观体验，调动学生的手、眼、口、脑等多种感官，让学生在“学中动”。例如，在讲《热力环流》一课时，教师可以设计学生实验活动，让学生将蜡烛置于侧边开口的柱状塑料瓶中，观察蜡烛的火焰方向，感受水平方向的气流运动。这一案例通过学生直接参与可以激发学生的探究动机，

使其形象直观地感受地理学习求实的科学态度。

3. 有效开展合作学习

教师需让每个学生都有展示自己的机会，大胆发言表现自己的成果，并且当学生独立思考出现困难或仅靠个人思考不全面时，及时组织小组成员补充表达，通过相互讨论、交流，达到主动参与、协作学习、共同进步的目的，让学生品尝到成功的喜悦，真正体现以学生发展为本的理念。例如，在讲《环境污染》一节时，教师可提前安排学生拍摄周围环境中的污染现象，并让学生将拍摄的照片在课堂进行展示，说明照片拍摄地点及简单分析现象成因。这样的活动组织切合实际，学生有话可说，能进行积极主动的交流和表达，同时也有利于达成课堂讨论活动目标。

（二）提高地理课堂活动设计技能

其一，课堂活动要有新意、有深度。教师应在充分认识、了解、研究地理教材的基础上，深挖教材，创设“新”的内容。这些“新”内容不仅要有课外知识补充，也包括课堂教学内容在现实生活中的应用。其二，要照顾到学生的学情、个性、认知等差异。例如，针对喜欢美术或喜欢文学或抽象思维发展较好的学生，可以设计多样活动情境和不同分工的活动形式。其三，活动设计的目标要科学合理，达成度高。教学流程设计应符合学生的一般认知规律，活动内容更应紧扣地理教学目标。理想的教学活动流程应该循序渐进、合乎规律；主线清晰，内容丰满；设计合理，科学有效；围绕目标，丝丝入扣。由此可以看出课堂活动的设计和组织是一门实实在在的艺术。

在高中地理课堂活动中，由于多种因素共同作用，导致多种问题出现。教师应该着眼于学生地理核心素养的养成以及学生可持续发展能力的培养，对教学活动存在的问题进行有效分析，并且优化教学策略，以进一步确保地理课堂活动的有效性，为学生的终身发展奠定基础。

第五节　高中地理课堂启智性有效提问

一、启智性有效提问的定义

“启智性”即启发智能或启发智力。启智性有效提问就是在兼顾有效提问的基础上能够对学生智能的发展起到积极作用的课堂提问。启智性有效提问是指课堂提问对于学生智力的启发，主要包括两层含义：一是指通过不同的问题内容、提问方式、回答方式、评价角度等，启发学生的不同智能；二是指通过不断地提问和反馈评价，帮助学生发现自身的智能强项和智能弱项，并在今后的地理学习中不断地强化长处、发展不足。启智性有效提问最终所要达到的预期目标是使每个学生的智能都能够在原有的基础上有所发展，并逐步健全其自身的智力系统，成为智能发展较好的完整的人。

二、高中地理课堂启智性有效提问应遵循的要求

（一）提问目的要明确

目的性是指课堂提问要有明确的目的，有目的的教学是有效教学，有目的的提问同样也是有效的提问。忽略提问目的而单纯关注形式的提问，不仅不会对课堂教学起到帮助作用，还会严重的浪费教学时间，甚至引起学生的反感。所以，教师在备课时就要根据启智性的本质要求描述出提问的明确目标：为引出新课？为前后内容联系？为启发学生某种智能？为引起学生对智能的关注？为引起学生争论？为促使学生创造？等等。此外，教师要尽可能剔除可有可无、目标不明的提问，保留目标明确、有实际意义和可测量的提问。

（二）问题需体现差异

《普通高中地理课程标准》中明确指出地理教学要能够满足不同学生的学习层次需要。可见，当前我国的教育工作者已经意识到学生之间及学生个体本

身存在差异性，而这种差异性的表现可能是多方面的。多元智能理论为教师揭示了学生智能的差异性，但就目前的研究来看，多元智能较容易被教师忽视。学生智能的差异，不仅表现在优势智能与弱势智能的不同，还表现在智能的组合不同。一个学生可能在任何一种智能上都没有天赋，然而当各个智能组合在一起时该学生就会在某一领域表现出卓越的品质。多元智能理论一直十分关注学生的差异性，尊重学生智能的差异性，从不同的方面启发和评价学生的智能，使其智能均能得到个性化的发展。基于学生智能存在差异性这一事实，课堂提问这一行为的研究就必须将学生的差异性考虑在内，必须尊重学生的差异性。教师只有采用差异化的提问方式、反馈方式、候答方式和评价手段等，立足于学生的个性发展，采用易于被接受的提问策略进行教学，“因才施问”，才能让学生的智能潜力通过课堂提问环节得到启发和发展。

（三）形式要多元灵活

课堂提问的形式多种多样，不可机械死板，墨守成规。例如，巩固复习可设计归纳类、记忆类问题；要引起学生兴趣可采用情境设问；深度挖掘可用探究型问题；单元总结可采用比较型提问。正所谓“教学有法，教无定法，贵在得法”，课堂提问也是一样的道理。没有规定要求什么样的课必须用什么样的提问形式，诸多课堂提问方式的研究不是为了将教师的教学困于桎梏中，而是给教师提供更多可供参考和运用的课堂提问范例。至于如何在课堂中选用合适的形式，需要地理教师的不断探索和积累。总之，教师在设计课堂提问的时候一定要设计丰富多样的提问类型，综合运用各种教学手段和教学媒体等辅助课堂提问，使提问变得有意思，有吸引力。

（四）提问需科学合理

第一，问题难度适中。课堂提问的难易程度必须经过精心的厘定，特别是难度大的问题，一定要进行设计，分解为由易到难、层层递进的问题链，引导学生一步一步走向问题的核心。本着提问需难易适中的原则，在课堂中应尽量少使用判断型的提问和选择型的提问。只有难度适宜的提问才能够准确地引发学生的思考，调动其学习积极性。同时，针对不同层次的学生，问题也应该有所不同，设计为学生量身打造的问题，能够最直接有效地对学生起到作用，促进其发展。

第二，语言科学准确。教师主要通过语言信息传达知识和技能，语言的准确性和提问的反馈程度基本上可以说是正比关系。语言科学准确的第一层含义是尽量使用学科内的专业语言进行提问，有助于学生养成专业素养；第二层含义是指描述问题的语言要精确到位，意思明确，切不可模棱两可。教师给学生清晰、简洁、有逻辑性的问题语言，可以使学生接收信息的速度有很大提高，也能帮助学生准确快速的思考问题答案。

第三，提问数量合理。有的教师从开始上课便提问，一直到课程结束。这样的高密度提问会使学生始终处于精神高度集中的状态，固然对学生听课是有好处的，但是，又容易造成学生的精神疲劳。“多”与“精”不可兼得，追求数量的同时必定质量会打折扣，所以只有慢下来，设计数量合理的问题才能够既保证数量，又保证质量。

三、高中地理课堂启智性有效提问教学的现状

（一）教师在高中地理课堂启智性有效提问教学中的现状

1. 教师的理论和现实相互独立

地理学科的特点决定了它是一门以实践为基础的学科，学生可以通过实验更直观地看到地理现象，只有这样他们才能理解地理教科书中对实践的描述。受以往地理教学模式的影响，地理教师总是习惯性地把主要精力集中在传授理论知识和讲解练习上，因此在整个地理教学计划中，地理实践很少。虽然地理教师也安排一些探索性实践让学生自己做，但由于时间关系，学生很少做这样的实践。没有时间到户外进行实践，使得学生对大多数实验设备和用品的了解停留在教科书的描述中，严重抑制了学生的学习积极性，不能将书本的理论知识与实际操作相结合。

2. 教师不能完善课堂教学内容的广度和深度

经过几轮改革，高中地理教材内容分为必修和选修两部分，必修课的重点是高中地理基础知识的广度教学，选修课的重点是高中地理知识的深度教学和为了促进学生的个性发展。开选修课的主要目的是对地理的基本内容进行更深入的理解和研究，但很多高中地理教师难以跟上发展的步伐，难以在地理教学的广度和深度之间取得平衡。高中地理教师的实践教学中，往往会对所有内容进行深入讲解，使地理课的安排比较紧凑。当开始讲解选修课的时候，教师希望能对教材结构进行讲解，同时把以前学过的内容进行铺开，这就使得高中地

理教师无法处理好教学内容的广度与深度的关系。

3. 教师所用教辅资料滞后于课堂教学内容

新课程实施后，高中地理教材发生了较大的变化，许多偏旧而较难的知识被取消，取而代之的是许多现代地理案例和知识，然而，现有的教学辅助资料并没有及时更新换代，只是重新排列，这不利于学生的学习和参考。高中地理教师会选择一些合适的教学辅助资料供学生参考，但教学辅助资料良莠不齐，学生自由选择比较困难，因此许多落后的教学辅助资料不能及时被淘汰。

（二）学生在高中地理课堂启智性有效提问教学中的现状

1. 课程实施的原因

传统地理课程的内容比较系统，重视基本概念和基本理论，以概念和理论指导学生学习，更多关注基本知识和基本技能的系统掌握，忽视了学生的实践、感悟和思考过程，忽视了对地理的科学价值、应用价值和情感价值的揭示，忽视了对学生学习兴趣、学习信心的激发和培育。虽然新课程强调探究式教学，强调学生自主学习和小组合作学习，但是诸多因素迫使许多教师仍在按传统的模式教学，这是造成学生对地理学习不感兴趣，越学越刻板，越学越没有劲，问题意识和创新能力越来越弱的原因之一。

2. 教学观念的影响

在现实教学中，提出问题往往是教师的专利，只要整个课堂教学有目的、有计划、有组织地解决教师精心设计的一个个问题，就标志着学生已经理解了知识、牢固地掌握了知识。一般认为，因为这样的课堂秩序好、教学过程组织严密、学生回答问题正确，所以课堂教学效果就一定好，学生的考试成绩就会优秀。试想，在现实中，所谓的优秀生，有哪一个不是解题高手？所谓的优秀课，有哪一节不是教师的提问一个接一个、问题的设计一环套一环？设计的问题越天衣无缝，就越显得成功；学生越是接连地回答、忙碌地解题，课堂就显得越高效。其实，教师骨子里注重的还是学习的结果，只希望学生配合好教师完成教学任务，而不希望学生突然提出各种各样的问题来打乱教学秩序。实际上，教师的这种提问只是一种唤起，学生接受的是现存的知识，而被扼杀的是学生的思维活动，这就直接影响了学生主观参与教学活动的意向，导致学生缺乏问题意识。

3. 学习习惯与技巧的制约

一般情况下，提出一个问题比解决一个问题更困难。在平时的学习中，学生往往不能形成有序的知识网络和有活性认识的认知结构，学生即使有问题，也认识不到问题的意义，很难说出比问题更加明确的见解，在此种状况下，学生是难以提出问题的。有许多学生虽然掌握了一定量的知识，但是在长期的应试教学的熏陶下，已经习惯了教师提问、自己回答，往往对课堂中的问题视而不见，认为教师的问题肯定覆盖全面、揭示深刻。也有些学生对地理学习有着浓厚的兴趣，对一些概念、理论及现象也想提出自己的看法和问题，但是缺乏提问的技巧，又怕因提出的问题不是问题或太过简单而受到教师的责备或成为同学的笑料。还有少数学生的地理基础较差，平时懒得思考，知识匮乏，根本提不出问题。

四、高中地理课堂启智性有效提问的策略

（一）以教师与学生为研究对象的策略

提问主要是教师通过提出一系列问题，要求学生进行思考解答的过程。这一教学活动的主体可以是教师，也可以是学生。但是，归根结底就是教师和学生这两个对象。因此，要提高课堂提问的启智性，首先需要从教师和学生这两大主体上出发进行策略研究。

1. 促进教师专业化发展

教师是课堂提问的主要发出者，教师的专业化程度直接关系到提问设计的质量，进而影响提问的启智性。所以，笔者认为要提高地理课堂提问的启智性，首先要提高地理教师群体的专业化素质。结合有关文献和笔者的观察，我们认为地理教师的专业化发展可以从以下方面展开：第一，丰富有效的知识储备；第二，形成良好的教学风格；第三，尊重学生的身心发展。

2. 准确把握学生情况

所谓“知己知彼，方能百战不殆”，提问亦是如此，只有准确把握学生的情况，方能提出符合其需要的问题，这样的问题才能够发挥它的作用。

（1）充分了解学生的能力。教师需要了解学生的能力，包括了解学生的知识储备、思维习惯、能力大小、个人偏好、个人特长等。我们说，希望通过地理课堂提问来启发学生的智力，促进其全面健康发展，那么，因材施教很重

要。只有针对学生的具体情况设计相应的问题进行提问，才能够最大限度地启发学生的思维。如若不然，提出的问题就会超出学生的“最近发展区”而成为没用的问题，或者提出的问题太简单，学生基本上都能够回答上来，而且不用经过思考等过程。这样的问题仅仅能够从表面上活跃课堂气氛，久而久之，学生会对过于简单的问题不屑，从而连回答也不愿意，那么，课堂提问就真的一文不值了。

（2）合理期望学生的成长。教师的期望对学生来说是一把双刃剑，因为期望过高，教师的提问往往会超出学生的“最近发展区”，就算学生跳一跳也够不到。久而久之学生就不愿意跳一跳了，因为就算努力了也还是达不到预期的效果。这样的提问就严重影响了学生的学习积极性，更别说其有效性和启智性了。因为期望过低，教师很少提问，或者仅提问一些简单的问题，特别是对于那些学习基础较差的学生，教师会因为对他们期望低，认为无论提出多么简单的问题或者给出多少提示，他们都没有能力回答，就很少提问这些学生。那么这部分学生就等于被教师忽视了，时间久了，学习积极性就会严重下降，影响其自身的发展。

（二）以提问环节为研究对象的策略

1. 根据教学内容选择提问类型

地理知识根据不同的标准可以分为不同的类型，针对每一种类型的知识选择适合的提问方式，必然可以使提问的启智性增强。我国教育心理学家皮连生将高中地理基础知识分为地理陈述性知识、地理程序性知识和地理策略性知识。地理陈述性知识主要是回答“是什么”“在哪里”的地理知识，主要包括地理名称、地理数据、地理景观、地理分布等地理事实性知识。针对这部分内容，提问宜采用“回忆提问”。例如，讲到“河流的补给类型”这一内容时，可以设计问题“同学们回忆一下，人们常见的河流的补给形式都有哪些？”地理程序性知识主要包括运用地理特征、地理成因、地理概念、地理规律等知识解决实际问题的各种技能。从概念上看，这类知识更侧重于地理技能的渗透养成，采用“理解提问”“运用提问”“分析提问”“评价提问”比较有成效。例如在讲到“农业的区位因素”这一内容时，可以设计运用提问——“运用农业区位因素的相关理论，分析新疆长绒棉生长的条件”，或者分析提问——“新疆是我国主要的商品棉基地之一，请分析该区域成为主要的商品棉基地的原因”，或评价提问——“评价我国东北发展商品谷物农业的条件”。地理策略性知识主要包括地理感知能力、地图运用能力、地理信息能力、地理阅读能力、地理思维能力和实践能力等。这类问题在课堂中适宜调动学生的感官进行积极参与，设计新颖有趣的提问让学生在体验中收获知识。

2. 根据实际课型组合提问方式

在现实的地理教学中，根据讲课内容、目的的不同，可以将地理课的课型分为复习课、新授课、习题课等。不同的课型，因为它们的主要作用不同，所以在教学方法和手段的选择上面也大相径庭。因此启智性课堂提问就更加要根据不同的课型来设计提问。例如，复习课主要是为了巩固旧知、构建知识体系等，比较适合“回忆提问”，通过回忆提问的方式能够快速帮助学生回忆以前学习的内容。新授课则可以根据教材内容、教学目标、学生特点等运用多种提问方式，调动学生对未知内容的好奇。习题课从某种程度上来说与复习课类似，习题课主要是训练学生知识迁移运用的能力以及巩固基础知识，可以根据具体的习题类型穿插提问，一方面可以帮助检验学生对已学知识的掌握情况，另一方面也可以帮助教师合理的估计学生的学习现状。

第六节 高中地理课堂差异性提问

一、差异性提问的概念界定

差异性提问可以作为有效提问的一种策略，也可以作为差异性教学的一个方面，无论从哪个角度来谈差异性提问，它最终的归结点还是差异性，因此如何去定义差异性是本节重点研究的问题。差异性教学主要是尊重学生的个体差异，而众多学者提出有效提问的策略时，也主要是关注学生的差异，所以笔者研究差异性提问的目的还是实现有效教学，但是差异性的范围不局限于学生的差异。鉴于此，将差异性提问定义为：以学生的个体差异为基本点，围绕提问环节、提问环境、提问内容等几个方面存在的差异进行提问，使每个学生都能得到发展，并获得最有效的课堂教学。

二、基于学生差异的差异性提问及策略

学生的生活背景、经验、原有的学习基础、智力，尤其是非智力因素都存在差异，根据多元智能理论，学生个体具有八种智能，学生不同的智能有不同的突出表现，这是个体差异。下面主要是从学生原有的地理基础知识水平和每个时期的逻辑思维特点的差异来进行论述。

（一）同年级不同水平的学生的差异提问及策略

按照学生地理基础知识差异分类，可以把学生分为三种。

第一类学生为“优秀生”，地理基础知识比较扎实，已形成自己的一套学习方法，理解能力和解决问题的能力强，并能自觉自主的学习。在地理课堂上，这些学生对于书本知识基本都可以掌握，能很快掌握教材的知识，而且原有的地理知识体系也很完善，基本可以运用所学知识解决实际的综合问题。针对此类学生，地理教师的提问应是书本外的拓展性和开放性的问题，抑或是假

设类的验证题，这类问题具有科学性，能激发此类学生的好奇心，进而爱上地理科学，养成科研探索的习惯。

第二类学生是“中等生”，他们是班级中的主体，课堂教授内容的重难点大多也是以这部分学生为准绳，他们也是最富潜力的一群。此类学生有较完整的地理知识结构，也能很快掌握课本中的内容，能够发现地理规律，但是综合运用能力有待提高，不能很好地把各类知识点迅速联系起来解决实际的综合性问题。教师课堂提问时，需立足于本节课的知识点，联系所学的地理知识，提出问题，既能加深本节知识点的印象，又能串联起地理学科的整条线，更要学会总结其中规律，以此达到举一反三的效果，促进其进步。

第三类学生是“学困生”，他们地理基础知识本就薄弱，实际掌握的知识点甚少，对于大部分的地理规律一知半解，并没有形成比较完整的知识结构，理解地理原理所花的时间比较长，对于一些地理规律的认识还处于字面记忆，并不能灵活运用。难度较大的问题会使他们倍感压力，产生逆反心理，课堂效率较低。教师在课堂上提问此类学生时，应该选择较容易的问题进行提问，主要是关于名词解释和记忆性的知识点，让他们厘清本节课的学习重点，以及形成基本的地理知识结构。主要是一些记忆型提问，如“季风水田农业有哪些特点？商业区在城市里如何布局？”等。

（二）基于学生地理基础差异的课堂提问的策略

1. 面向全体学生，归类分层

直面学生的差异性是为了更好地促进每个人的发展，找到他们各自的最近发展区，制订合适的目标。首先，主要是通过入学的测验，来看看学生的地理认知水平，但是不可以作为唯一的标准，还要在上课时观察学生的特点，特别是测验成绩较落后的学生，要关注其落后的原因，是没有形成学习方法，还是对于地理学科不感兴趣，抑或是没有花时间去学习。其次，看看测验的整体结果，找到班级的主体，也可以说是班级学生的平均水平，上课提问的难度则以平均水平为水平线上下浮动。最后，还要找个别学生谈话，了解班级中学生对于地理学科的学习态度，拉近与学生的距离，快速认识班级的学生，最好能够熟记班中所有学生的名字，也知道每个学生的地理基础水平。当然，学生的能力是在不断变化的，分类是一个动态的过程，此处的分类标准并不细致，学生的差异是存在多方面的，以上关于学生差异性的划分标准，主要依据学生地理学业水平。

2. 制订梯度式学习目标

对学生进行归类分层后，要制订梯度式目标，把目标细化、层次化，与每一类学生结合起来，用可测量和外显化的行为动词描述，更能引领课堂提问的方向。制定目标并不是划分高低等级，而是找到学生的最近发展区，以谋求最好和最有效的发展。要确保学生不因此产生心理芥蒂，最好是可以与学生交流，帮助其认清自己的学业水平，逐级进步，切勿好高骛远。

三、基于地理内容差异的差异性提问及策略

（一）自然地理基础知识的提问设计

1. 自然地理基础知识的内容特点

自然地理基础知识的重点是阐明人类赖以生存和发展的自然地理环境及其对人类活动的影响。这些内容基本可以在必修模块的内容得以呈现，它的主题是自然环境对人类活动的影响。从宏观层面来看，主要了解自然环境中的大气圈、水圈、岩石圈、生物圈的基本知识和发展规律；从微观层面来看，要深入认识四大圈的岩石、地貌、气候、水文、土壤、生物六大要素。这些要素是人类赖以生存的基础，与人们的生活息息相关，但是由于自然地理地域结构的宏观性和时空的宽广性，导致其又具有远距性、非把控性，看似与人们的生活息息相关，实则离人们很遥远，很多都是看不见、摸不着，存在着很多的未知。再则地理教师会发现在高中地理必修1的课本知识点中，有16个基本知识点具有原理性，也可以说是程序性知识和策略性知识，也就是对于一件事，“我们要知道为什么要这么做”，这就是知其然也知其所以然，只有知其所以然，才能在日后举一反三，解决相关的问题。

2. 自然地理基础知识的差异提问设计策略

（1）设置情境进行提问。教材对于原理性知识，都有一定的文字描述，但是记忆概念并不能掌握原理性知识，而运用概念和规则的能力，才是习得原理性知识的表现。课堂提问是引导学生形成正确学习思维的方式，地理的学习又离不开地图，地图是学生参与和体验自然地理较便捷的方式，而示意图是诠释地理原理最有力的表现方式。教师课堂提问时，可以设置地图情境，也可以让学生动手画示意图，来加深记忆和理解。

（2）用反向质疑提问打开思维。地理原理性知识也囊括了地理规律和地理过程，它们是地理原理的一种反应，规律是人们总结出来的，便于更好地认识自然界，看似能快速记住知识点，实际应用却并不得心应手，因为并没有记住这些规律存在的前提条件。反向质疑提问就是打破思维定式，在学生记住一般自然地理规律的同时，还要随时注意地域的差异，也就是自然地理的多样性。而且自然地理还具有广域性，它并不可能反映自然地理的每个地域的情况，有些区域又存在特殊性，此时用反向质疑提问就是提醒学生不能用一般规律解决所有的自然地理问题。

（二）人文地理基础知识的提问设计

1. 人文地理基础知识的内容特点

人文地理涉及的内容广泛，属于社会科学的范畴，高中地理必修2偏重人文地理，主要有四个主题内容：人口问题、聚落中的城市、生产活动与地域联系、人类与地理环境的协调发展。而人口问题是其中的核心内容，城市的发展、农业的发展、工业的形成都不开人，都是人类活动对自然环境影响的结果。由此可以看出，人文地理具有生活性、近域性，就是人们身边的地理。因此，教材在编排中也特别注重结合现实社会或者是学生的生活实际，更多的是以文字材料和数据体现出来的，也更多地要求学生能够学以致用，分析解决问题。人文地理不像自然地理能够总结出明显的特征和规律，而这些规律能够帮助学生快速理解自然地理现象。人文地理现象变化较快，容易受到时间、区域、社会等多方面的影响，所以人文地理教学就要立足于某一特定的区域，去分析和发现其中的原理和特征。

2. 人文地理基础知识的提问设计策略

人文地理的内容特点和自然地理的内容特点不同，自然地理本身就多以一定的原理和规律呈现出来，主要是让学生在理解中掌握。而人文地理的内容更具生活性和多变性，要从不同的区域中发现和总结原理，所以教师在提问时，要让学生通过准确的语言总结出一定的特征和原理，以分析生活中的实例让学生便于发现，继而进行总结。

（1）注重学生回答问题时的语言组织。部分学生认为人文地理的内容太过冗杂，教材中呈现的只是其中很小的一部分，遇到实际问题时，似乎从教材内容中找不到答案，区域间的差异性常让他们一筹莫展，不知该如何组织语言去描述。教师课堂提问时，则注重学生回答问题时的语言，最好能够以具体的区域为例进行论述，教师要及时给予指点，帮助其重组答案，而不是给出答案。同时教师在提问时，多寻找社会时事资料作为依据，让学生学会从材料中找到关键词，学会提取有用信息，应对不断变化的社会环境和不同地区的发展。

（2）善用生活实例，引发提问。教师应该抓住人文地理贴近生活的特点，挖掘身边的乡土资源，拉近学生的认知距离，引起学生的兴趣，激发学生的分析和思考，让学生从生活的经历中找到人文地理的规则。这样的提问，留给学生的印象会更加深刻，同时活跃了课堂的氛围，又能把课堂的主体交给学生。教师提问时，则要给予更多的时间让学生去思考和反馈，并及时记录下他们的答案，让学生发现其中的知识点。例如，“我们所在的城市是属于哪个等级？能给我们提供什么服务？如果我们寻求更大的服务应该去哪个城市？你这样选择的原因是什么？”

第二章

高中地理课堂教学策略

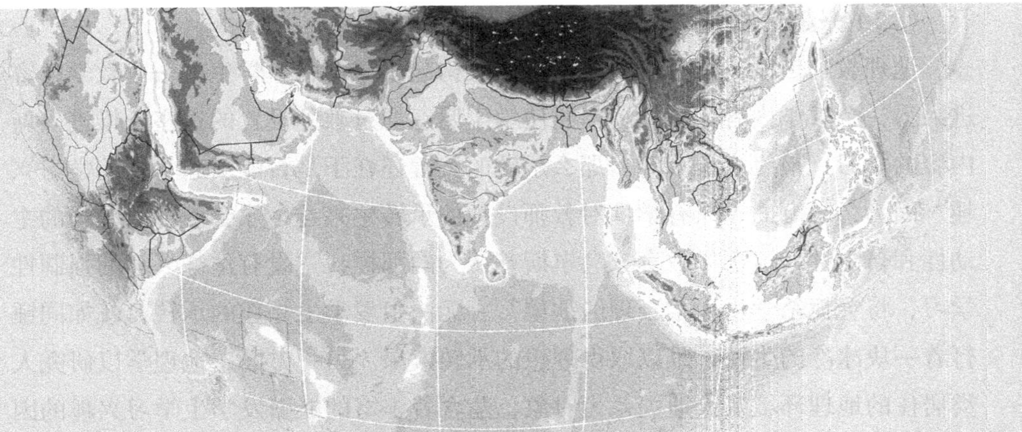

第一节　高中地理课堂承转策略

一、承转的原则

（一）针对性原则

承转作为引导学生由一个教学内容到达另一个教学内容的桥梁，它的架构若要有效，首先必须具有针对性，实实在在地结合教学内容的逻辑联系，选择恰到好处的承转方式。在承转设计时，地理教师首先必须认真分析所要承转的教学内容之间的逻辑关系属于哪一类型，然后再选择适合于这类逻辑关系的、恰当的承转方法，这样才能帮助学生认识到所学新知识与已有知识之间的内在逻辑联系，并将新知识迅捷融入已有认知结构，生成新的认知结构，从而让新的认知结构能在更广阔的范围内以更高的准确性解决所面临的新问题，顺理成章地形成相关能力。

（二）兴趣性原则

地理教师借助具有针对性的承转，架构起了试图引导学生由一个教学内容进入另一个教学内容的桥梁。但要使学生愿意通过教师设置的这座桥梁进入新内容的学习，最终实现承转，那么承转的关键还在于是否能引起学生的学习兴趣。因为，一方面，只有学生对教师设置的承转感兴趣，才会表现出参与的主动性和自觉性。这正如教育家乌申斯基认为的那样，“没有丝毫兴趣的强制性学习，将会扼杀学生探索真理的欲望”。无法引发学生兴趣的承转，就如同锤打着一块冰冷的生铁，难以取得理想的承转效果。另一方面，地理学以研究人类居住的地理环境及人地关系为对象，蕴含着丰富的能引发学生学习兴趣的因素。第一，地理环境与人地关系中有着众多罕见、怪异而离奇，或变化多端，或出人意料的地理事物，如变幻无穷的风、云、雨、雪，大自然鬼斧神工造就的溶洞，以及雅丹地貌等自然奇观。第二，从古至今，地理学的发展史就是一部恒新恒异的对地理世界的探索史，其中不乏众多令人神往的探索之旅。譬如进军南极、挑战北极、珠峰科考、飞向太空、遨游深海、探测密林、解读沼泽等。同时，它也是一部对真理孜孜不倦的追求史，它在其中创造出了大量奇异构想，如从大陆一统到大陆漂移到板块构造；从景观描述到要素综合到地理系统思想；从环境决定论到或然论、概然论、二元论到人地和谐论……在承转中，地理教师应善于充分利用地理学科的这一特点，巧妙地创设能引发学生兴趣的情境。

二、承转的策略

（一）借助关联词承转法

借助关联词承转法，指地理教师借助“但是”“然而”等表示转折关系的关联词，“同时”“也”等表示并列关系的关联词，“而且”“那么”等表示递进关系的关联词，“所以”“因此”“可见”等表示因果关系的关联词，来直接点明前后教学内容的逻辑联系，引出新的学习内容的承转策略。例如，“非洲丰富的自然资源”与“非洲不发达的经济”之间的承转，教师可以用“非洲拥有丰富的自然资源，但却是世界上最不发达的地区”引领承转，即用一个简单的“但”字，不仅直接点明前后两个教学内容之间的逻辑关系，而且也把教学快速地转入“非洲不发达的经济”的学习。

关联词承转法虽然只要借助几个简单的关联词就可以实施，设计起来比较容易，但是，如若想获得成功，则离不开以下两个方面：第一，它适合在前后两个教学内容的学习均能使学生心潮澎湃的状况下使用。因为，当学生心潮澎湃、热情高涨之时，教师借助关联词简洁明快的承转，有助于学生在快速建构知识间联系的同时，使学习心理得到片刻短暂的放松，从而能以更饱满的学习热情迎接新教学高潮、新教学内容的到来。但是，如果前后两个教学内容的学习气氛均沉闷，应用简单的承转策略，那只能是一种败笔。第二，承转中关联词的设计一方面必须能一针见血地准确点明前后教学内容的逻辑联系；另一方面经过关联词连接后的句子必须简洁，使承转明快且自然流畅，否则，如果拖沓冗长，造成学生心理期盼的新的教学高潮迟迟不能到来的话，就会使学生困倦而心不在焉，最终在高潮来临时，反而无法以高度集中的注意力投入新的学习之中。

（二）疑问承转法

疑问承转法是指承转中教师利用前面的教学内容，创设一个问题情境，通过教师提问或者引导学生自主发问，使学生产生认知冲突。在学生试图保持认知平衡的张力驱使下，渴求解答疑问，处于一种“心欲求而未得”的状态之时，教师抓住契机，恰到好处地将教学引入新学习内容的策略。

疑问承转法在教学中要想取得成功，需要注意以下几个方面：第一，从教学内容来看，比较适合在新教学内容是前面教学内容的修正或补充，即运用前面的教学内容难以解释的地理问题，可以借助新教学内容解释的情境下使用。例如，单圈环流与三圈环流之间、区时与日界线之间。从学生的学习状态来看，比较适合于在学生思维活力趋向低落的教学情境下使用，这样可以重新激活学生的思维活力，使学生带着高度集中的注意力投入新一轮学习内容的学习之中。第二，如果疑问是教师提出的，那么教师提出的问题必须具有一定的思维含量，能使学生感受到智慧的挑战、内心的震撼，只有这样才能激发和调动起学生积极的情感体验和深层次的认知参与，对解答疑问跃跃欲试。如果疑问是学生在一定的情境中自主提出的，那么教师创设的情境必须具有启发性，能使学生认识到刚刚学过的知识与情境中的地理事物的矛盾所在，从而有疑可生。

（三）穿针引线承转法

穿针引线承转法是指一堂地理课中的众多教学内容，始终围绕着某一个地理案例的呈现或者某一个学生活动的深入开展，从而实现承转的策略。在这种方法中，地理案例的呈现、学生活动的深入，犹如一条线将众多教学内容串联起来，能给人一种浑然一体、天衣无缝的感觉。

穿针引线承转法在教学中要想取得成功，需要注意以下几个方面：第一，该策略比较适合在有较多的教学内容，而这些内容又从属于同一问题的不同方面且呈并列关系的课堂中使用。第二，如果是借助案例来穿针引线的，那么，案例的选取必须对学生具有强烈的吸引力，如一次令人心驰神往的探索游戏，或情节跌宕起伏、充满浓厚探究味的地理故事等。如果是通过学生活动的深入开展来穿针引线的，首先，活动本身要具有挑战性，能吸引学生积极参与、深入探究；其次，随着活动的深入开展，学生通过探究发现的众多规律，恰恰就是要学习的新知识；最后，学生活动的深入开展过程中，存在着较大的开放性、不确定性，所以需要地理教师具备灵活应变及有效驾驭学生活动的高超教育机智。譬如，当学生在活动中遇到困难，或者思考问题的方向偏离了主题时，教师就应及时地给予恰当的引导；当学生随着活动的深入，所揭示的一个个规律的前后顺序与教师预设时考虑到的节奏有冲突时，如洋流的三种成因，教师原先打算先教风海流，但是学生在活动中先探究并认识到密度流这种洋流的成因，那么，此时教师就必须及时调整，将风海流、密度流、补偿流都进行简单的讲解。

第二节 高中地理课堂生成性教学策略

一、生成性教学的内涵

生成性教学是一种需要规则又敢于适时放弃规则的教学；生成性教学是一种遵循规律又不局限于规律的教学；生成性教学是一种关注教师又关注学生的教学。生成性教学具有以下几方面区别于传统“预设教学”的特征。

（一）教学观念

从教学观念来看，教师并不把自己看成教学过程的控制者和独裁者，把学生视为无序和混乱的制造者。相反，生成性教学中的教师更加尊重学生，将学生看成具有独立创新意识的生命个体，将课堂中出现的无序和混乱、将意料之外的有价值的问题看成宝贵的教学资源并加以利用。

（二）关注中心

相对于预设教学，生成性教学更关注学生的兴趣和需要，以学生的兴趣作为直接出发点，从学生感兴趣的角度选择教学内容，在教学过程中还可以根据学生的兴趣点即时调整教学内容，拓宽教学思路，最终实现教学目标。

（三）师生地位

生成性教学中，学生不仅参与教学的实施过程，还可以主动参与教学的设计过程。课堂上教师留有时间和空间，给予学生发现新问题的机会。同时，教师根据学生在课堂中表现出来的兴趣或产生的困惑，调整教学方案，引导学生主动研究和探索。因此，生成性教学是师生共同建构的教学。

（四）教学目标

预设教学目标意识很强，每节课都有非常明确的教学目标，教学方案就是为实现教学目标而设置的，教学过程相对严谨。生成性教学并不强调具体的行为目标，教学过程可以根据课堂动态变化即时调整，然而，看似随意的教学却是以学生的兴趣、学生的全面发展和终身发展为最终目的，更能实现教学总目标。因此，生成性教学的目标并不一定写于纸上，却是烂熟于教师心中，对教师的目标意识提出更高要求。

（五）方案设计

意大利瑞吉欧老师曾用非常形象的比喻对比两种教学的方案设计：预设教学像一列按照精准的时刻表行驶的火车，而生成性教学则像一个外出旅行时带的指南针。预设教学精心设计教学方案、周密考虑教学过程，就像事先挖好几个坑，然后一步一步引导学生从一个坑跳往另一个坑。生成性教学只做弹性设计，计划只是一个粗略的框架，教师根据动态存在、变动不居的课堂，适时增减教学内容，灵活调整教学过程。生成性教学是用开放的态度对待教学，更重视学生的发散思维。

（六）教学实施

预设教学严格按照设计方案实施教学，实际教学内容与预设方案完全一致，若教学过程中出现与预设不一致的情况，教师会运用自己的权威、按照自己的意志，强制执行教学方案。而生成性教学的方案设计和实施过程是统一的，教师需事先做出弹性设计，在课堂中可以根据实际教学进展边活动边设计，在师生互动过程中不断完善，教学结束最终形成教学方案。

（七）教学评价

预设教学的评价是终结性的，主要判断学生的学习效果。生成性教学的评价具有过程性、多元化的特点，教学评价始终贯穿在学习活动过程中。

二、高中地理生成性教学的实施过程

（一）前期准备条件

1. 构建高中地理开放性课堂

学习地理最终是为实际生活服务的，生活中的问题往往具有开放性，因此地理学科本身也具有开放性的特点。地理学科的开放性之一体现在开放性的课堂，开放性的课堂有利于生成性教学的展开。在高度开放的课堂中，师生进行多向互动，学生大胆表达自己的想法和意见，多种信息相互碰撞、交流，师生的积极性和创造潜能都被充分调动起来。在这种高度开放的课堂中，常常出现与课前预设不一致的声音或情况，这一切都构成了教学过程中的生成性资源。

2. 提升教师的生成意识和能力

（1）高中地理教师缺乏生成意识的原因

第一，教师担心自己的知识储备无法解决突发问题，导致在课堂上出现尴尬局面。其实教师大可不必担心，自己无法解决的问题可借助外力，如请其他学生回答、同学之间讨论、师生共同探讨、课后查阅资料等，这些活动也是师生共同学习、生成更多教学资源的好时机。教师应将自己看成学生学习的伙伴，而不是高高在上的领导者。如果教师能将师生关系看成伙伴关系，则全然不会担心课堂上的尴尬局面，相反会期待这些生成时机的出现，与学生在共同探讨的过程中享受学习的快乐、成长的惊喜。同时，以上这些方法也是课堂上产生生成性资源时教师可采取的几种措施。如果教师有生成意识、对生成课堂把握有度的话，就不会担心生成性资源的出现，相反会期待并充分利用生成性资源。

第二，教师认为无序课堂在时间、内容等问题上无法掌控，预期教学目标无法按时完成，这反映出教师过于看重教学目标，看重教材的安排和教案的实施，而忽视学生的认知需求和心理需求，这样的课堂是没有生命力的课堂。其实，生成性教学可能会出现一堂课上没有完成教学目标的情况，但是，从长远来看，生成性教学可以激发学生的思维能力，促进学生创造性学习，不是"死读书"而是"活学习"，这样的学习经验才是有利于"学生的终身学习"的。另外，生成性课堂上教师更关心学生的需求和兴趣点，尊重学生的差异性，有利于"学生的全面发展"。因此，从长远看，生成性教学是有利于达到教育教学最终目标的。

（2）提升高中地理教师的生成意识和能力

由于地理学科具有开放性、灵活性等特质，在新课改这条路上，地理学科是走得比较远、比较成功的一门学科，各种有关课程改革的培训、交流、课例示范等，都有利于高中地理教师提高自身的生成意识和能力。具体可以从以下几方面实施：第一，切实改变课程观；第二，保持课堂的高度敏感性；第三，接纳生成的心态。

（二）中期实践策略

1. 引导高中地理课堂生成的策略

（1）在地理开放性问题中生成。高中地理学科是为解决生活中的实际问题而服务的学科，生活中的问题具有开放性的特点，因此在高中地理学科中也存在大量开放性的问题。地理开放性问题的设置是促进教学生成的重要条件，没有开放的环境，就没有课堂资源生成。传统课堂中教师的提问往往具有封闭性，所提问题只有一个标准答案，教师给出所有必需的已知条件，引导学生向同一个方向思考，最终得出标准答案。封闭性问题的弊端在于束缚了学生的思维，扼杀了学生的想象力，限制了课堂生成，使教学陷入程序化的圈套。实际生活中的问题却往往具有开放性，没有固定答案。课堂教学的最终目的是为生活服务，“学习对生活有用的地理”，包括地理思维能力也应为生活实际问题服务。因此在课堂上，教师应转变提问方式，优化问题设计，多提开放性问题，鼓励和引导学生从不同角度思考问题，用不同方法解决问题，踊跃发表不同意见，生成各种教学资源。

问题的开放性是指教师的提问能够促使学生调动自己的经验、意向和创造力，通过发现、选择、重组等过程，做出多种解释和回答的可能性、发散性。如何设置开放性问题，妥善运用措辞尤为重要。比较以下两个问句：“学习地理有用吗？”“说说你对学习地理的感想。”前一个属于封闭性问题，答案是明确的——有用或没用。后一个则属于开放性问题，每个学生的经验不同，答案也不同，可以生成新的教学资源。同时，“说说你对学习地理的感想”这样的问题反映出教师对学生的尊重和信任，学生更愿意积极地做出回答，生成更多的教学资源。教师也能从学生的回答中了解学生，从而为后续创设开放性问题打下良好的基础。

（2）在地理探究活动中生成。美国芝加哥大学的施瓦布教授早在1961年就提出，要积极引导学生像科学家一样去探究，教师应该用探究的方式展现科学知识，学生应该用探究的方式学习科学内容。杜威主张“在做中学”，也是强调探究活动的重要性。他认为，传统教学中教师向学生传授的知识，学生从教师口中听来的知识，并不是真正的知识，真正的知识获得应该与探究活动联系在一起。学生只有亲身参与探究，知识的获得才有意义，否则知识只是一堆僵死的符号。学生通过探究行动和解决问题，动态生成了真正属于自己的个体化知识。因此，教师在进行教学设计时，应以学生的发展为原则，从学生的实际情况出发，强化学生的自主探究，创造更多的学生活动机会，使学生在多样活动中生成更精彩的课堂。

在探究活动过程中，学生普遍具有较高的探究热情，教师适时适当地引导能起到画龙点睛的作用，师生始终保持高度的注意力和旺盛的活动热情。教师在指导探究的过程中，应重视学生的感受和体验，尊重学生真实的判断，鼓励学生做出多元认识。只有学生真实的感受，才能够激发学生的学习热情，使学生在探究的过程中激情飞扬、彰显个性，形成独特的见解，这样的课堂资源生成才是真正意义上优秀的课堂资源生成，这样的课堂才是真正充满生机与活力的课堂。

2. 捕捉和利用地理生成性资源

由于高中地理课堂的开放性、生活性、情境性的特征，学生在课堂活动中异常活跃，他们表现出来的学习兴趣、情绪的表达、发表的意见、提出的问题、争论乃至错误的回答等，都是教学过程中的生成性资源。这些资源充满了整个课堂，如果教师不加以重视，这些宝贵的生成性资源就会转瞬即逝。教师应做到随机应变，敏锐捕捉课堂教学中生成和变动着的各种有价值的信息，并即时调整教学设计，将其巧妙运用于教学活动之中，使之成为活的教育资源，让学生真正成为教学的主体，使课堂在动态过程中生成高效与精彩。

（三）后期反馈总结

1. 高中地理课堂多元化评价

高中地理课程标准明确提出，注重学习过程评价和学习结果评价的结合。重视反映学生发展状况的过程性评价，实现评价目标多元化、评价手段多样化，强调形成性评价与终结性评价相结合、定性评价与定量评价相结合、反思性评价与鼓励性评价相结合。

（1）高中地理课堂评价的内容。传统教学注重终结性评价和量化评价，往往以考试成绩判定学生学习的好坏，此种评价忽略学生的创新能力、地理素养等其他方面的表现，不利于全面考查学生，不利于学生的全面发展。生成性教学评价更多地融入人文关怀，侧重动态的过程性评价，重视主体的交流互动，对学生的地理素养进行综合考查。高中地理课程标准要求从知识和能力、过程和方法、情感态度和价值观三个方面设计教学目标，这也是地理教学评价的基本取向。

（2）高中地理课堂评价的主体。地理课堂教学过程中的生成很大程度上源于学生在教学过程中主动性的充分发挥、情感体验的真实表现。学生的地理知识运用能力有没有得到提高、学生的思维活力有没有得以激发、学生个性的闪光点有没有得到体现，这些都是地理生成性教学评价体系中的重要因素。因此，学生应该成为评价的主体和主要对象。

2. 高中地理教学反思

教学反思是教师依据社会对自身的要求，以自己的教学活动过程为参考对象，对自己所做出的教学行为以及由此所产生的教学结果进行审视和分析的过程。叶澜教授说过："一个教师写一辈子教案不一定成为名师，如果一个教师写三年反思可能成为名师。"借助教学反思，教师可以使自己保持清醒的自我认识，不断检查自己的教学观念和方法，不断审视当下教学经验的合理性，从而超越固有的思维模式，不断完善自我，提升教学能力，提高专业水准，使教学实践充满智慧的力量。

第三节 高中地理有效性教学策略

一、高中地理有效教学理论

以前的学习理论是从客观角度出发的，现在的学习理论是从主观角度出发的，经历了从对立到融合的过程，融合是各种教学方案和教学设计的融合。目前课堂教学在关注教的同时也要关注学，因为以前只关注教的课堂教学，会忽略学生是学习的主体，缺乏理论，所以也要关注学。设计高中地理教学方案应该以教和学为出发点，增加学生学习的动力，鼓励学生学习，进而取得进步。有效教学理论主要依靠两个条件：一是教师的教学经验，它是实践基础；二是科学研究的理论成果，它是理论基础。

（一）认知建构主义

以前人们认为学习的过程是积累信息和技能的过程，学生学习的知识可以直接由教师传授，学习这个过程发生在教师和个体之间，这是传统的行为主义，关注的是教学本身。目前，人们对教学理论的认识从行为主义转变到认知主义，强调了在学习过程中教师和学生这两类人的重要性。认知主义心理学家的基本方法依旧来源于传统的客观主义，其中信息加工理论心理学家尤为明显，客观主义在此的意思就是世界是由客观主体及其特征构成的，或者是由客观事物构成的。然而，他们强调学习者的内部认知过程，认为人的学习是将外部客观世界的知识和结构内化为内部认知结构的过程。认知建构主义是认知主义的进一步发展。在皮亚杰和布鲁纳的早期思想中，学习过程通过个体与客观知识结构之间的相互作用被内化为认知结构。认知建构主义主要是在皮亚杰思想的基础上发展起来的，与布鲁纳和奥苏贝尔的认知学习理论具有很大的接连性。认知建构主义侧重于个体如何构建认知体验，如知识理解、认知策略、情感体验、学习信念和自我概念等，其基本思想即学习是一个意义建构的过程，是通过新旧经验的相互作用形成的，是丰富和改造自己认知结构的过程。认知建构主义认为意义建构是同化和适应相结合的结果。一方面，新体验需要基于原始体验，以融入原始体验结构；另一方面，新体验的进入将在一定程度上改变原有的体验，并使其经过调整或改革，认知建构主义强调意义的双向建构过程。认知建构主义关注的是人类如何在其原始经验、心理结构和信仰的基础上构建其内部认知结构。认知建构主义源于儿童的认知发展理论。个体认知与学习过程密切相关，建构主义可以很好地解释人类学习过程的认知规律，如学习如何发生、意义如何构建、概念如何构成，以及理想学习环境中应包括何种主要因素等。高中地理课程中涉及许多基础的概念、定理和规律等知识，很多概念和知识与现实生活有联系，学生心里可能已经对这些知识有一点点自己的理解，因此，教师应该在教学的过程中联系生活，在学生现有想法的基础上扩展和改善其思维，一步一步地引导学生将新概念内化为自己的认知结构。

（二）社会认知理论

20世纪80年代，社会学习理论处于发展的过程中，班杜拉不断吸收认知科学的思想，并提出社会认知理论。比格和其他一些研究人员认为班杜拉的理论是强化理论和有目的的认知心理学理论的结合，而这种强化不同于行为主义强化，这是由学习者的期望和过去相似经验的知识形成的。班杜拉认知理论的核心是通过观察他人的行为来学习很多行为。班杜拉认为主要有三个因素能影响人类学习，分别是行为、个人和环境，正是在这种大环境中，人们通过观察其他人的例子来获得认知表征。个人需要通过观察示例来完成某些步骤的学习，学习者必须首先注意例子本身，其次一定要记住例子的行为，最后学习者要有动机去表现自身。

社会认知理论为课堂教学提供了重要启示。教师应该在教学过程中注重学习的每一步，包括注意力、维持、生成和动机四步。在地理课堂教学中，有很多抽象的、难以理解的概念，还有很多复杂的定律，那么在课堂教学中应该先详细讲解定律，然后通过实际例子说明该定律或者通过简单的实验证明该定律，这是让学生逐步理解和掌握获取地理知识的有效途径和方法。另一个好方法就是教师在课堂教学过程中先通过分析和列举生活中的例子去吸引学生的注意力，然后细致地分析，逐步引入知识点，全面地提出要学习的定律。社会认知理论是认知理论和传统行为主义两者的桥梁，它不仅具有传统的行为主义概念，而且还吸收了认知理论的观念。

（三）情境学习理论

学习理论专家的研究重心从认知转向语境，从学习的本质、内容和方法上呈现出一种不同于认知取向的新范式。情境理论强调学习过程中个人与其他地理、文化和历史情境的互动，强调有效和真实的探究活动。情境学习理论强调形成实践能力，这与人类倡导的知识转移思想是一致的。日常生活中的环境与学校的环境相对比，学校的环境有一定意义、有相应计划、有合理目的，人们更注重获得知识、学到技能，而在日常生活中，人们更注重运用工具来处理问题，在生活中学习到知识不是必然的，是偶然的，往往需要在合适的环境下才能获得，需要比较抽象的推理。情境认知理论与信息处理理论不同，是另一种新的学习理论，笔者认为认知加工依赖于对规则和信息描述的认知，只注重了解有意识的推理和思考，而忽视掌握文化和地理背景。情境学习理论认为，学习不仅是一个简单的个体意见构建的心理过程，也是一种比较实践化的、社会化的参与过程。通常情况下，知识是在学习者和学习环境中，或者多个学习者之间形成的。因此，创造学习情境应该特别注重将认知任务转到现实的状态，从而试图解决学校传统的脱离自我、脱离学习情境的问题。目前，在高中地理教学中有一个比较明显的问题，就是学生学到一项知识就是一项知识，学会解决一道题就只是学会解决一道题，不会举一反三，知识迁移能力不够，所提问题题目稍微变化一点点就不会解决，这种情况出现的原因是地理教学脱离情境或者在教学过程中创设的情境不完善造成的。学生在掌握新知识之后，一般能解决的问题都是比较理想化的问题，或解决问题的方式比较理想化，没有一系列的真实生活体验，对于知识的理解也是脱离真实生活的。如果想让学生熟练地掌握高中地理知识，那么教师应该在地理教学中创设一定的真实情境，只有在情境中学习，学生才能深刻理解地理知识。因此，在高中地理教学中，教师要重视创设学习情境，把学习置于实际问题情境中。

（四）学习动机理论

在教育领域中，教学生学会学习受到越来越多的关注，但是影响学生学习成绩的不仅仅是智力因素，还有非智力因素，如学习动机、学习兴趣等，这些非智力因素非常受教育界的关注。有学者说，只有教师在透彻了解学生学习动机、激发学生学习兴趣、组织有效教学之后，学生才能高效率地学习。动机是一种内在的心理过程或内在动力，通过目标或对象来引导、刺激和维持个体活动形成的。动机分为两类：一是内部动机。内部动机是由参与活动带来的满足感和成就感形成的。二是外部动机。外部动机是由外部奖励激发出来的。内部动机能让人感到内在满足，让人的努力行为保持稳定，外部动机不能满足人的内在需求，使人感到被控制，刺激出来的行为取决于强化的性质。学习动机是由内部学习动机、外部学习动机和无动机组成的。学习动机理论认为，学习动机能让学生发自内心地愿意学习，激发学生的求知欲，让学生认真学习知识来填充自身的精神财富和物质财富。学习动机是一种内在的启动机制，它激励学生进行学习活动，维持已有的学习活动，引导学生的学习活动朝着一定的学习目标发展。学习动机可以激发和加强学习活动，反过来学习活动也可以激发和加强学习动机。如果学生在学习时出现了学习动机，那么此动机就会贯穿整个学习活动。此外，学习动机可以加强和促进学习活动。随着学习活动的开展，学习动机可以得到激发、加强甚至巩固。另外，学习动机还可以促进学习活动的进行，在学习活动进行的过程中，学习动机会得到巩固。

有需求才能有市场，学生有相应的需要才能产生相应的动机，当学生需要通过学习来获得满足感时才很有可能产生学习动机。但是学习动机不是只依靠学生相应的需要才能产生，诱因也能引起学习动机的产生。诱因是一种刺激物或者一个外部条件，它能在满足个体某种需要的情况下激发此个体的行动。经过相关研究得出，学习动机可以提高学习效率，反过来学习效果也可以影响学习动机。例如，一个人学习效率比较高，其付出一点努力就有一点或者更多的收获，那么其学习动机就会更明显，进而会产生新的学习需要，这个人就会在以后的学习过程中抱有更大的希望，学习积极性和学习效率也会提高。这是一个良性循环，对学生的学习很有益处。很多学生认为学习地理比较枯燥无味，地理课缺乏吸引力。造成这种结果的原因主要有以下方面：第一，地理教学本身的内容比较枯燥乏味，很多地理课程中对理论知识的关注比较严格，地理教学还注重学生逻辑思维能力的培养，这是在推导地理规律的过程中形成的。第二，注重学生的数学运算能力，这在求解一些重要地理量的过程中有明显体现。这些都很难引起学生的兴趣，对学生没有吸引力，学生学习基本依靠其内在的学习动机。在地理教学过程中教师应该将现实生活中的现象和地理知识相结合，引起学生的注意，提升学生学习地理的兴趣。第三，在地理教学过程中教师应该重视在科学技术中对地理知识的运用，让学生知道地理基础知识的重要性。第四，在地理教学过程中教师应该让学生感受到地理的奇妙。总而言之，在地理教学中教师应该尽量激发学生的学习动力，让学生进行有效学习。高中地理有效教学设计的理论基础不仅表明了学生应该如何学，而且指出了教师要如何教。同时，教学应遵循科学规律，将问题置于实际问题情境中，通过各种手段激发学生的兴趣和动机，使学生高效率地学习，实现有效教学。

二、高中地理有效教学目标

（一）教学目标

1. 教学目标与教学目的

长期以来，人们把"目标"等同于"目的"，用在地理教学中就是教学目标等同于教学目的，但事实并非如此。教学目标是学生在特定情境下行为变化的结果，用一句比较贴切的话就是："学生学会了什么？"教学目的却不同，教学目的等同于教育者的主观愿望，一般指国家或者社会为了达到教育目的，给教师提出教育范畴内的一种普遍和笼统的要求。教学目标具体可以分为三个层次：培养目标、课程目标和课堂教学目标。培养目标是比较抽象、范围比较广的目标；课程目标是根据具体的学习范围和学生的状况（智力、学习效率、成绩等），将广泛的目标细化而得到的；课堂教学目标与具体情境有关，而且能对抽象的目标行为结果给出明确的定义，以指导教学的进行。因此，教学目标在教学过程中非常重要，是教育体系中非常重要的一部分，它在教学活动中发挥主导作用，也是在教学中进行评价的依据。概括来说，教学目标指通过教学需要达到的目标和结果。对于比较复杂的教学活动来说，遵守普通的原则是不被允许的，教学目的是教学活动的原则，对于复杂的或简单的教学活动来说，都可以遵守教学目的。为了让教学活动系统化、完善化、全面化，教师应规划好每一堂课，这些具体的规划就是教学目标。在教学过程中，对于每一门课程而言，都有课程教学目标，其不等同于课堂教学目标之和，对于这个原理，地理教学也要遵守。

2. 教学目标的预设性与生成性

教学目标具有预设性，研究人员深刻了解了教学目标的预设性，他们认为教学活动在实施之前可以预想其结果，这是教学目标的预设性，但多数情况下研究人员会忽视教学目标的生成性。教学目标的生成性是指教学不是封闭的、传统的，在教学活动中充满交流，具有确定性和不确定性。预设性相对生成性来说比较具有确定性，主要体现在教学活动需要教师或者相关人员组织展开，具有规划，这就是预设的教学目标。实际上，预设性和生成性既是对立的，又是统一的，在教学过程中设计的教学目标需要重视预设，也需要重视生成，才能不断优化教学目标，进而促进学生的发展。

3. 教学目标的重要性

对于教学活动来说，教学目标非常重要，教学目标在教学活动中主要发挥导向作用、聚合作用、激励作用。

（1）导向作用。教学目标的确立有利于教师选择合适的教学方案、教学设施等，在选择过程中起到导向作用。另外，地理教学目标确立之后，教师按照教学目标组织教学，学生会努力学习，尽量达到教学目标的要求，在学习过程中，教学目标对于学生来说就是“导航”。

（2）聚合作用。在教学过程中，教学目标几乎能连接教学系统中的所有组成要素，对组成要素起着聚合的作用，另外教学目标对其他要素起着统领的作用。

（3）激励作用。在教学活动中，设立合理的教学目标，会激发学生的学习动机，使学生渴望学习新知识。另外，教师在教学过程中朝着教学目标实施课堂教学，学生在学习过程中朝着教学目标的要求去努力，当取得一些成效时，教师和学生都会有成就感。

（二）高中地理有效教学目标设计

1. 高中地理有效教学目标设计的方式

在高中地理课堂的有效教学中，教学目标的设计就是对教学活动中要达到的目的进行规划。如果想进行教学设计，首先应该设计教学目标。设计教学目标应该主要注意四点：第一，树立正确的教学目标价值观，意识到教学目标的重要性；第二，重视教学目标预设性的同时重视教学目标的生成性，而且教学目标不能太死板，要具有弹性；第三，教学目标要新颖，能吸引学生；第四，教学目标设立的不能太遥远，难度要适度，让学生觉得经过自己努力可以完成。设计教学目标主要有三步：

（1）实施目标分解。教学目标包含很多方面的目标，可以被分解成教育目标、课程教学目标和课堂教学目标等。因为教学目标可以被分解，在设计教学目标时就容易多了。教师在设计教学目标时，第一步要掌握学生的情况（目前的学习成绩、学习效率、期望的学习状态等）；第二步要设计合理的学习任务，完成这些学习任务有利于学生达到目的，另外，将学习任务分为多个模块；第三步分析和总结每个模块的学习任务，并注明知识点，写出教学目标。

（2）进行任务分析。教师设计教学目标的第二步是详细分析学生将要学习的任务，并确定学生应该形成的能力和培养此能力的教学条件。另外，教师应该全面掌握此任务对应的教材内容，确定教学的外部条件，组织合适的教学活动。在进行任务分析过程中，先要了解学生的起点，分析支持学生学习的条件。目前，教育目标分类理论和学习结果分类理论经常作为指导任务分析的理论。

（3）确定教学起点。教学目标对学生的良性影响大小取决于教学起点，在教学起点比较合适的情况下，教学目标才能发挥作用，才能使教学效率提高。不太高也不太低的教学起点是比较合适的，起点太高，学生觉得通过自己的努力也不能达到目标；起点太低，让学生觉得没有挑战性。所以在设计教学目标的过程中要确定合理的教学起点，确定教学起点要考虑三个方面：第一，学生的原始水平；第二，学生的性格、成长环境等；第三，学生的技术能力。

2. 高中地理有效教学目标

结合高中地理课程教学目标指南，并考虑到学生所处的信息化社会环境，高中地理有效教学目标可陈述如下。

（1）促进学生学业成绩提高。通常情况下，教师利用有效教学目标培养出来的学生相对来说都比较优秀，成绩比较好。虽然评判一个学生的好坏不能仅看成绩，但是不能让学生获得良好成绩的教学不能称为有效教学，学校也主要是以学生的成绩评价学生的学习效果。因此，教师在设计地理教学目标时，应该将“提高学生的学习成绩”这一目标列入其中。很多年来，我国特别重视教育，尤其是学校方面的教育，不论是小学、初中、高中，还是大学都备受关注，无论在哪一个阶段，学生的成绩都是评价其素质高低的主要指标，也是人们评价一所学校教育好坏的主要根据。成绩好坏、学校教育的好坏对学生进入社会后的影响不容忽视，是对学生综合素质的一种证明。虽然现代教学理念比较重视学生的综合素质，但是教学方面还是最重视学生的成绩，因此测试成了检验学生的最佳办法。从一次次的测试中教师及相关人员可以判断出学生的学习效果，进而推断教学效果的明显与否，这一次次的测试就是简单地将教学目标具体化的体现，便于检验教师的教学效率。在教学中，教师应该将教学目标更加具体化，这样更有利于检验教师的教学效率，进而扬长补短，提高学生学习成绩。

（2）有效教学应该以发展学生能力为宗旨。虽然地理教学的目的是提高学生的知识水平、基础素质，但最终的结果是提高学生的综合能力。综合能力包括很多方面，高中地理教学应该促进学生自主学习能力和掌握地理方法的提高。

第一，自主学习能力。有效教学涉及教和学，宗旨之一是通过教师有效地教实现学生有效地学，逐渐地实现教师不教，学生自学。无论是哪一类教学，自学都具有非常重要的作用。因此，学校应该着重帮助学生掌握自学的方法，提高自主学习的能力。教学应该以学生为中心，让学生学会学习、学会思考，尤其是在无人帮助的情况下学会自主学习。教是为了不教，尤其是对高中生而言，因为高中生正处在成长的重要时期，学会自主学习对一生的帮助都很大。自主学习的能力是需要培养的，培养速度取决于学生的个人因素、教育方法、成长环境等。高中地理教师应该在教学过程中应用科学的教学方法，培养学生的自主学习能力。

第二，掌握地理方法和地理思想。学习不同的学科有不同的学习方法，如针对数学、英语等学科，都有独特的学习方法。如果一个学生学习所有学科的方法都相同，那么其学习效率肯定比针对不同学科使用不同学习方法的学生要低。一直以来，地理学科的重要性都体现在接近生活、锻炼思维等方面，学习地理需要的方法一般都比较科学，需要的思想比较活跃。因此，学习地理要有独特的学习方法，这种独特之处在于其专门针对地理。地理方法与地理思想是学习地理的基础，在学习地理的过程中，只有掌握地理方法、思想，学生才能高效率地学习地理。

（3）地理教学生活化。第一，地理教师将地理与生活联系在一起。高中地理的知识对于学生来说比较抽象、系统，很难被学生理解和记忆。而在生活中，人们常会发现多种事物的科学现象都与地理有关。为了让学生更好地学习地理，教师应该深刻理解地理原理和概念，有效引导学生从生活中常见的现象出发学习地理，在地理知识中体验生活乐趣，进而对地理知识具有更为深刻的理解。

第二，生活化课后练习。课后练习是学生巩固课堂所学知识并温故知新的重要方式之一，因此，教师应该重视学生的课后练习，地理方面的课后练习也不例外。在设置地理习题时，教师应尽量还原生活本质，以达到学生在做习题、巩固旧知识的同时，观察生活并在生活中发现新的地理知识。而且还原生活的课后练习，不仅不会给学生带来压力和厌烦感，反而会激发学生的学习兴趣，提高了学生探求真理以及为追求真理而亲自动手实验的能力，进而提高了学生的地理学习效率，同时为学生未来的发展奠定了基础。

三、新课程理念下高中地理的有效教学

（一）高中地理教学准备策略

在开展教学之前，教师和学生都要有准备，这被称为教学准备，教学准备要保证教学工作的成功，也要保证教学过程中消耗的时间和精力比较合理。教师在开始教学之前做好准备工作，才能保证在教学过程中有条不紊，目标明确。教学准备策略如下。

1. 创造性地分析和使用教材

进行教学的载体是教材，地理教学离不开地理教材。在教学过程中，教师必须透彻理解、分析教材，然后根据全班学生的情况对教材内容进行整理，创造性地使用教材。透彻分析教材的过程是课前的准备过程，这是高中地理有效教学必不可少的前提。第一，要清楚学生已经学到了什么，掌握的情况怎么样。第二，结合学生心理特征，对学生将要学习的地理知识进行分析，研究新内容与学生已有的认知有什么联系，这些新知识是需要教师通过搭建支架帮助学生获得，还是学生通过教师引导自主学习就可以获得，也就是了解学生处于哪个发展区。第三，通过前两个阶段的了解确定课堂教学的重难点，把握教材的深度与广度，开发教材中所蕴藏的情感，明确教学方向。可以说，教师本身对教材理解的透彻程度影响其教学有效性，也影响学生的学习效率。第四，要将课本知识与教学实践联系起来，不断累积，形成符合自身个性特点的实践知识，以便更好地为教学服务。总之，教师应认真、仔细研究教材，并仔细分析各个环节之间的联系，让教学衔接自然、顺畅。教师应该灵活运用教材内容，准确把握教学内容，使之贴近生活，减轻学生过重的学习包袱；灵活使用教材

中插图，增强教学内容与时代的同步性，联系实际拓展学生的视野。此外，教学内容中还要体现地理学史、地理学美的教育，教学设计中对每个环节都要了如指掌，使课堂顺畅且高效地进行。

2. 合理有效地确立三维教学目标

实现教学目标的过程是预期的结果和标准在具体教学活动中实现的过程，教学目标影响着教学策略的选择和知识的深度。作为教学活动的灵魂，教学目标具有主导、定向和监控作用，不仅可以克服教学的盲目性，还能激发学生学习的热情度，制约教学评价以促进教学有效性的提高。新课程背景下的三维教学目标的合理设置应根据对新课程的认识，在了解学生和教材的基础上制订具有可操作性和可预测性的教学目标，教材作为课堂教学的资源不是唯一的，教师必须用一切可以利用的资源进行教与学，尽可能地满足每个学生的需求，促进学生的发展。教师可以采取以下策略：第一，教师应结合具体教学内容制订具体的教学目标，切忌空谈。例如，“培养学生的动手操作能力”是高中地理教学中重要的目标之一，教师不可能在每一课时的教育目标里都要实现，因为它是一个整体目标，在一节课内是无法达到的。第二，教师要同时关注三维目标的三方面。例如，在地理概念和地理现象等地理教学设计中，不仅要重视概念和规律的具体内容、使用条件、地理意义等，还要重视这些概念与规律获得的过程。通过地理概念和规律的教学，让学生既学到了地理知识，又学到了科学方法，还提升了发展探究能力，逐步形成科学精神与科学态度等。第三，在实现“过程与方法”中，教师要创设问题情境，与学生积极互动，让学生在教师指导下主动地独立研究，调动学生学习的热情，引导学生积极参与教学，给学生提供合作、交流、提问、辩论的机会。第四，在教学中，为达成“情感态度与价值观”的目标，要调整教学内容的难度和教学进度，循序渐进，保护学生的学习兴趣，帮助学生感受学习的快乐。

（二）高中地理教学实施与评价策略

课堂教学是学生学习知识的最主要途径，学习需要学生自己进行，教师不可越俎代庖，教学是为了帮助学生学会学习。目前，大量低效甚至无效的教学现象还充斥在高中地理教学当中，其中学生缺乏主动学习的思想是影响课堂教学效率低下的主要原因，主要表现为课堂教学以讲为主、重视演示实验而忽视学生实验，以至于教师教得累，学生学得苦，最终导致学生对地理的学习热情度不高或产生厌恶情绪、教学效果不明显等，这些现象与新课改的要求不相符。这就要求高中地理教师应积极探索如何使课堂教学更有效，因为只有高效课堂的建设，才能更好地促进学生的学习和发展。

1. 增加课堂趣味性与激励性，激发学生的学习动机

在教学中，教师要把学习动机的激发和培养贯穿整个教学过程，学生有动力、有期待才会更加积极主动地进行学习，学生积极参与课堂，融于课堂活动，于是整个课堂的学习气氛就会调动起来，这样的教学过程比较轻松、愉悦，课堂教学的效率也会得到提升。第一，通过创设与学生原有认知相矛盾的问题情境，激起学生的好奇心和求知欲。例如，教师可以选取贴近学生生活的各种实例，抛出一个与学生原有经验冲突的小实验，通过实验现象引起学生的注意，产生思维的碰撞，提高学生的注意力；还可以通过幽默的语言来调动学生学习的积极情绪，幽默是一种力量，能打动人，还能活跃课堂气氛；面对抽象的概念可以根据事物间的相似性采用形象的比喻使教学内容深入浅出，将表达的内容说得具体风趣，给学生深刻的印象并使学生迅速从感性认识上升到理性认识，最终解决疑难知识。在这里，教师要把握好“度”，遵循最近发展区原理，争取让学生努力后就有收获。如果与原有认知冲突太大、问题太难，让学生无法完成，不但不利于培养和激发学生的学习动机，反而会使学生产生挫败感，失去学习地理的动力。第二，通过奖励措施帮助学生体验成功，提高学生的成就感。在教学中，教师不要错过任何机会对学生采取鞭策性的语言进行激励，诱导全班学生积极参与课堂活动，给予每个学生或小组有依据的且让人服气的勉励和赞赏；要为学生创造循序渐进的学习内容，尤其是要努力创造给内向学生表现的机会，让学生在轻松的学习环境中获得成就并感受学习的快乐，不断增强学习自信心与兴趣，最终产生学习欲望。第三，一名优秀的教师，要时刻不忘调节课堂，使用适当的身体语言、口语、板书进行课堂激励，对学生的坐姿和听课状态进行适时调整，旨在让学生在最好的状态下集中注意力进行重点知识的学习。

2. 关注个体差异，实施因材施教

教育心理学认为，学生个体之间不同程度地存在着差异，这种差异是在学生的发展过程中逐渐形成的，主要是受家庭、学校、社会等多方面的影响。然而课堂是所有学生的课堂，既不能以学困生为准，人为地降低教学目标，减缓教学进度，也不能以优等生为准，随意加快教学进度。新课程理念下的高中地理教学必须“尊重差异，因材施教”，要既能关注全体，也能兼顾个体。在教学过程中，地理教师首先要多注意、多观察、多留心学生学习的特点，要了解每个学生的个性、需求、优势、劣势及知识储备等，然后从实际出发，采取不同的策略进行地理教学。其次，对待学习困难的学生要具体分析、区别待遇，因为导致学生学习地理困难的原因很多，有的学生是因为认知水平较低，有的学生是受到学习方式的限制，还有的学生可能是学习动机存在障碍。在实际教学中，教师要通过采取多样化的教学方式让学生在健康的状态下学习，尤其是对学习能力差的学生，要加倍注意自尊、自信方面的教导，如果方法不当，会给学习能力较差的学生造成伤害，学生的发展可能会受到较大影响。最后，教师要充分了解学生的学习、思维习惯，可以在课后对学生进行单独辅导，让学生可以运用适合自己的学习方法进行学习。

3. 设计课堂教学活动，激发学生主动参与

新课程理念倡导的是教师主导，学生主体的教学，一堂地理课如果缺乏学生的参与，高效课堂是很难实现的，甚至会出现低效或无效的教学效果。在课堂活动的设计中，教师要灵活管理课堂，需要应用一定的技巧与学生进行交流合作，引导学生与学生之间保持有效互动交流，为学生的自主学习提供学习资料，使学生对知识真正理解。在课堂教学中教师要设计有效的教学活动，让学生成为活动的主角，主动提升自己的能力，可以通过三个小策略进行。

（1）组织趣味性地理小实验。学习成绩有很大一部分取决于学生的努力，学生努力学习的一个主要因素是对学习感兴趣，在高中地理教学过程中，教师可以组织一些趣味性的地理小实验，来吸引学生的注意力，激发学生的学习兴趣。地理小实验包括学生利用工具和地理知识测量、计算旗杆的高度；利用地理原理表演水中取物的小魔术等，这些趣味性的小实验能提升学生学习兴趣，调动学习积极性。

（2）让学生参与地理实验。传统的地理教学涉及地理实验时，基本都是教师在讲台上演示和讲解，学生比较被动，有时候注意力会不集中，如果在进行地理教学过程中，让学生参与实验，既可以提高学生的动手操作能力，也可以让学生发现自己的优点和缺点，扬长补短，更可以让学生表现自己，进而提高学习效率。

（3）增加学生在教学活动中的互动。课堂不仅是教师的课堂，也是学生的课堂，学生在课堂中应该展现自我，多与同学互动，这样可以营造良好的学习氛围，使学生提高学习效率。因此，在地理教学过程中，教师应该尽量给学生创造表现的机会，同时鼓励学生表现自己，适当的时候让学生进行讨论学习，营造良好的交流氛围，使学生在自主获取地理知识的同时，能够全面的开发学生学习的潜力。

4. 以情优教，传递积极情感

在高中地理教学中，大多数学生往往不知道地理教师对自己抱有怎样的期望，这些期待来源于教师和学生之间的互动，如果在这个互动过程中，教师用自己的行为去影响学生，学生将在潜移默化中向教师所希望的方向发展。教师应该给学生建立一个乐观的前景，对每一个学生都要持有积极的期望，相信每位学生都是有潜力可以开发的，即使学困生在学习上也有潜力，要打心眼里相信学生是有潜能可以发挥的。教师通过言行举止将这些期待传递出去，学生知道教师对自己的期望后会更加努力朝着这个方向奋斗，可是教师对学生的期望不能过高，也不能太低，两极情况下的期望都是消极的，恰当的期待才会促进学生进步，如果学生通过努力可以达到要求，这样学生才会信心十足；如果学生不管如何努力都无法达到成功，会起到负面作用，可能会使学生的自尊心受到挫败，失去学习的动力，进而讨厌学习。同样教师也可能因此而对学生失去耐心，认为该学生没有学习的潜质，爱之深，责之切，可能会转化为指责、埋怨，导致师生情感出现裂痕，最终导致教学无法高效进行。因而，教师要以情优教，传递积极情感。

第四节　高中地理非良构领域知识的教学策略

一、非良构领域知识的特征

（一）非良构领域知识具有变化性

第一，非良构领域知识的变化性表现在解决目标或问题构成的不明确，导致学生在解决问题的过程中可能会无从下手。第二，由于学生的知识背景和生活经验的差异，不同学生看待问题的维度和解决问题的方式也会有所差别。如在“水资源的合理利用”这一问题上，有些学生可能会从海水淡化、人工增雨、修建水库、开发地下水等开源的角度思考，也有些学生会从节约用水、提高水资源的利用率等节流的途径看待这一问题。解决问题的途径由于看待问题的维度不同而各有千秋，因此，非良构领域知识的解决可能没有唯一的答案。

（二）非良构领域知识具有相对性

“良构领域知识”和“非良构领域知识”的界定是相对于学习者的认知水平而言的，熟手型学习者面临复杂问题时往往能够比较容易地分辨问题的本质，抓住问题的关键，做出判断，解决问题；新手型学习者往往需要反应较长时间来厘清解决问题的思路，可能还需要外界的帮助才能够解决问题。例如，“地球运动”这一专题，对于空间抽象思维能力强的学生而言就较简单，而对于空间抽象思维能力较弱的学生而言就很困难，往往需要教师准备图像、视频等素材作为辅助教学。

二、非良构领域知识教学策略实施的可行性分析

（一）教学策略的实施与高中生认知特点的契合度

高中生的年龄一般从十四五岁至十七八岁之间，称之为学龄晚期或青年初期。这一时期，个体的自觉性和独立性都有了显著的增长，达到前所未有的

水平。他们充满了青春的活力和朝气，而且更加热情、积极、向上。高中生的生理发展走向成熟期，但心理发展却相对要落后于生理的发展，因此具有较大的不平衡性。这种不平衡性使学生依旧容易依据初中时的思维习惯和已有经验去解决问题。但高中阶段的课程设置涉及方方面面，且教学容量变大，难度提升，很多知识都涉及非良构领域。学生在非良构问题的解决过程中不仅加深了对非良构知识的理解，而且提升了在不同情境中建构知识的能力。因此，高中地理非良构领域知识教学策略的实施符合高中生认知发展的特点。

（二）教学策略的实施与高中地理教学内容的契合度

地理学具有两个显著的特点：综合性和地域性。其综合性表现甚广，如地理环境由大气圈、生物圈、水圈、岩石圈等圈层构成，体现了自然因素和人文因素的有机构成。又如分析“农业的区位因素”此类非良构领域知识，需要同时分析自然区位因素和社会经济区位因素，而自然区位因素包括气候、地形、水源、土壤等；社会经济区位因素包括市场、交通、政策、科技、劳动力等。其地域性表现在地理学不仅研究地理事物的普遍分布，而且分析地理事物分布的差异和关联，并归纳地理事物动态演变的规律。例如，分析“某区域能源合理开发与区域可持续发展的关系”时，首先需要分析该区域的地理位置，包括经纬度、海陆位置和相对位置，其次分析该区域的能源开发条件，最后分析能源的综合利用，这体现了非良构问题的步步推进，有效获得高级知识。

三、非良构领域知识教学的方法

（一）重视知识重组，构建知识框架

从认知角度而言，非良构领域知识的突破强调运用已有的概念创设不同的情境，以体现学生理解和掌握已有知识的程度。在解决非良构领域的问题时，由于同一概念在不同情境下会存在一定的差异性，且其他概念的相互关联也会因情境创设的差异而有所区别。因此在情境创设的过程中，教师要重视概念的解读，并在不同情境中加以分析和探究。在高中地理教学过程中，教师要结合学生已有的认知水平，通过情境的设计帮助学生重组知识，搭建知识框架。当然在教学中应努力做到弱化教师控制，鼓励和提倡学生积极参与，认真思考，使学生成为课堂的主体。例如，分析“自然地理环境的整体性”时，需要创设一些具体的情境如“黄土高原的水土流失现象如何体现自然地理环境的整体

性”，此时学生要结合自然地理要素，包括气候、地形、水文、土壤、植被等因素，具体分析并考虑要素之间的相互影响和相互制约，构建有关于自然地理要素及整体性的知识框架。

（二）提供多样化的地理素材，刺激感官知觉

非良构领域知识的教学强调在具体情境中进行知识的理解，注重学生的体验学习。高中地理教学内容中自然地理存在一定的抽象性，而一些学生缺乏想象能力和思维能力，这就需要教师在教学时适时补充图片、动画、视频等相关素材，从而刺激学生的感官知觉，加深学生的理解，弥补某些能力的欠缺。例如在进行“地球自转和公转地理意义”的教学时如果仅依靠静态的光照图展示，学生仅能浅显地知道地球运动的基本概念，对于“昼夜长短的状况和变化情况”以及“正午太阳高度的大小及其变化情况”就难以理解。这时需要用动画或视频加以辅助，再结合自身的生活体验才能理解到位。而人文地理和区域地理中虽然书本知识较为浅显易懂，但由于理论性较强，更需要图像和影像等多样化地理素材的补充，从而提升学生学习地理的兴趣，有助于学生更好地理解和消化所学知识。例如，进行“传统工业区”的学习时，高中地理必修2（人教版）是以“德国鲁尔工业区”为例进行分析，虽然教学思路很清晰，即分析鲁尔区的区位优势条件、衰落原因和整治措施，但如果嵌入视频素材，效果更佳。

第三章

高中地理教学模式

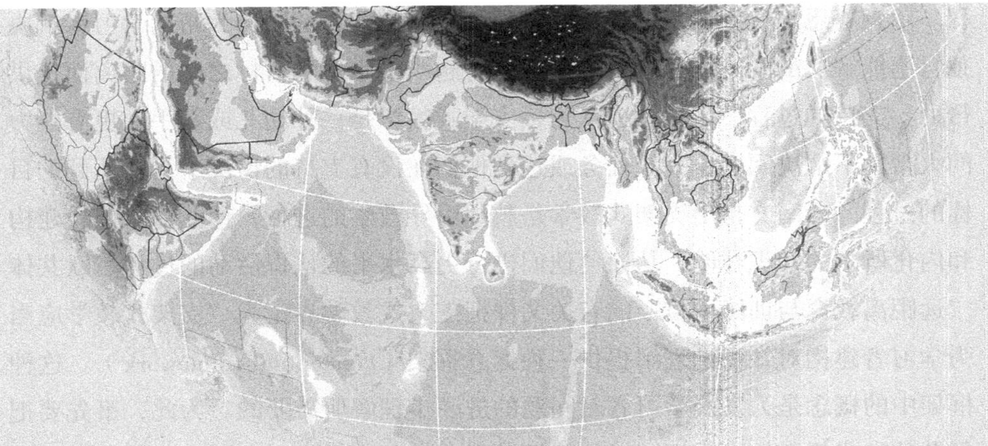

第一节　高中地理支架式教学模式

一、支架式教学内涵

“支架（scaffolding）”原指建筑行业中使用的脚手架，用来帮助工人完成“伸手不能及”的工作，其作用在于“帮助”“协助”，而不是“代替”工人工作。教学中引入“支架”寓指“教”与“学”的关系：教师的“教”只是为学生搭建学习的“支架”，“帮助”“协助”学生学习，而不是“代替”学生学习；学生则在教师的帮助和指导下主动建构并内化知识和经验，促进自身能力的发展。

但是，支架式教学模式的概念在学术界还没有统一的界定，研究者们在文字的表述上也不尽相同。例如，迪克森等提出支架式教学是系统有序的，包含了提示性的内容、材料、任务以及相应的教师为改善教学所提供的支持的过程。罗森赛恩等认为，支架式教学是教师或更有能力的同伴为帮助学习者解决独自不能解决的问题，也即帮助学习者跨越当前水平和目标之间的距离而提供帮助、支持的过程。伍德等人认为，支架式教学是一种幼儿或新手在更有能力的人帮助下解决问题、完成任务或达到他们在没有支持的情况下不能达到的目标的过程。斯南文指出支架式教学是教师引导教学的进行，使儿童掌握、建构和内化所学的知识技能，从而使他们进行更高水平的认识活动的过程。欧共体“远距离教育与训练项目”的有关文件把支架式教学界定为“支架式教学应当为学习者建构对知识的理解提供一种概念框架（conceptual framework）。这种框架中的概念是为发展学习者对问题的进一步理解所需要的。为此，事先要把复杂的学习任务加以分解，以便于把学习者的理解逐步引向深入”等。从中不难看出，这些表述都一致地围绕并体现了建构主义“教与学”的新理念，因此，可以简言之，支架式教学就是通过提供学习支架以帮助学习者主动建构知识的教学模式。

二、高中地理支架式教学的特征

（一）教学保持在最近发展区内

支架式教学的理论基础要求整个教学必须始终保持在学生的最近发展区内。有关实践证明，基于最近发展区并保持在最近发展区以内的教学不仅能训练和强化已形成的内部心理机能，而且能够激发和形成目前还不存在的心理机能，创造新的心理形成物，促进发展。因此，教学首先就要捕捉到学生的最近发展区。但是，“最近发展区作为一种可能性不是唯一的”，而是处于一定的区间之内，具有一定的跨度，如果我们用“N”表示学生的现有发展水平，用“M”表示学生的潜在发展水平，那么最近发展区就是处于“N”和“M”之间的整个区间，对任何一个学生来说，这个区间都不是只有一个固定值，也就是说“N”与“M”并不只是相差“1”，它可能处于1至3之间或更大的范围。因此，有研究者指出，每次教学应该保持在“N+1”这个范围之内，超出这个范围，学生将很难深度消化所学知识。因此，教学必须将复杂的学习任务加以分解，使其接近“N+1”这个最佳的发展区，才能把学生的理解逐步引向深入。

（二）教学以学生为中心

“以学生为中心”不仅要求教学必须要以学生的生理成熟为基础，更强调以学生已有的认知经验为中心。建构主义认为学生不是空着脑袋走进教室里的，他们有着很多“原认知”和“前概念”，这些是他们建构知识、形成新观念的基础，是他们得以发展的前提，教学中必须重视学生的“原认知”，并检验他们所拥有的“前概念”，才能取得良好的教学效果。学生在学习的过程中往往用他们已有的这些认知和概念作为认知新事物的“挂钩”或“固着点”，使新学的内容与其发生联系，通过同化与顺应将它们整合成一个整体，达到新的认知平衡。

（三）互动的教学过程

社会建构主义理论认为，只有在社会互动的情境当中，学习才会发生，理解才有可能，人才能获得真正意义上的发展。互动要以活动作为中介，所以支架式教学要求教师在教学过程中组织有利于学生学习的活动，让学生在活动中获得帮助，主动建构知识。可以说，互动的效果决定着学生是在建构知识还是接受知识。互动包括师生之间和生生之间的互动。支架教学的互动性要求教师必须参与到学生的活动中，成为学生活动的一部分，但只能是学生活动的支持者、引导者，而不是支配者、主宰者，其主要任务是为学生提供学习所需要的支架，指导学生运用支架并在适当的时候撤走支架。学生则在支架的帮助下逐步将习得的知识与能力延伸至新的领域，从而不再依赖支架解决问题。师生互动还包括提供及时的反馈。反馈能向学生传递活动状况的信息，有利于学生了解和判断自己的学习程度。

生生之间的互动也很重要。有人认为同伴间的互动应打上教师影响的烙印，认为缺乏教师情感上、物质上支持，同伴互动很难真正、充分地发挥作用，实则不然。学生以各自的经验为基础建构同一新事物，可能会看到事物不同方面的性质，在相互的交流中，这些不同的看法便得到汇聚和筛选，使个体对事物的认识更充分、全面，这是其一。其二，陶行知先生曾经提出“教的法子要根据学的法子，学的法子要根据做的法子”。在小组的讨论与交流中，学生正是根据自己“学的法子”“做的法子”来表达自己对知识的理解和建构，这种理解的过程只有当事人自己才能体会与交流，其他人是无法替代的。可以这么说，学生之间的交流正是从他们怎么“做的”说到他们怎么“学的”，符合学生建构知识的过程，因此这些经验能够获得共享。

三、支架式教学模式在高中地理教学中应用的建议

（一）搭建支架应明确目标和任务

1. 明确教学目标

（1）强调学生自主构建。在支架式教学模式指导下的目标分析，除了需要实现这些知识点的目标外，要求教师以学生为中心，在教师的引导下学生自主构建知识概念框架。

（2）强调目标的分解。支架的搭建实际上是一个教学任务逐渐分解，学生知识水平和技能渐进的过程，其强调目标的分解。例如在“大气的受热过程”知识点的教学中，首先需要学生掌握长波辐射与短波辐射的概念，分析地面及大气分别吸收哪种辐射，再分析地面及大气的热源，进而达到学生掌握大气的受热过程，及运用该原理去分析大自然中地理现象的目标。

2. 了解学生的现有发展水平

教学目标和任务的分析阶段是整个模式的重要环节之一，最主要的是要根据学生的最近发展区确定所要构建的知识概念框架，较难把握的就是学生的已有发展水平，最近发展区作为学生已有发展水平和潜在发展水平的差异所在，针对的虽是具体的每节课，实则为教学目标、任务与学生已有发展水平的差异。分析学生的已有发展水平，若是针对某一个学生或者某一个学业水平的学生来说相对较易，对于一个学业水平参差不齐的班级来说就较难，因为在分解任务和搭建支架的过程中，较难照顾到每一个学生。从对地理学习成绩较差学生的访谈结果来看，有时教学任务的分解以及支架的搭建能够吸引这部分学生的兴趣，同时支架的搭建可以让这部分学生跨越思维的障碍，突破最近发展区。但学习成绩较好的学生则反映一些知识过于简单，支架的设置有点多余。这些问题的存在需要教师在支架搭建的过程中，做更多的准备工作去分析学生进而设置支架。

3. 设计符合学情的教学任务

（1）对学生学情的分析主要是为了了解学生现有的知识技能、经验水平以及他们所具备的能力特点，同时还要了解他们在学习过程中可能遇到哪些困难。教师需要准确地认识学生对某项学习目标所具备的知识和技能，因此，在进行教学实践之前，教师必须明确学生的初始状态，即学生的认知结构特点、学习发展水平、知识和技能的储备状态。对学生学情的分析也是非常重要的，分析的目的是确定学生的已有发展水平和潜在发展水平，了解这两种水平之间的差距，对学生可能遇到的困难提供必要的帮助与指导。

高中阶段的地理课程一般安排在前两个学年，升入高中后，学生对初中所学的知识多有淡忘，但是多数学生，尤其是男生对宇宙的奥妙是非常感兴趣的，因此抓住学生的兴趣所在进行教学，可起到事半功倍的效果。

（2）学习任务分析是在对每节课教学目标分析的基础上，分析每节课需要学生自主构建的概念框架。学习任务分析是教师对所要开展的学习任务进行具体的内容分析，包括从学科知识的性质、知识的范围和所涉及的学科思想方法的维度进行分析。

（二）支架使用应注意技巧

进入支架，即运用支架进行教学的过程。通过一个学期的教学实践，笔者根据自己的经验和教训，在前人研究的基础上，总结了支架搭建的技巧及适用范围。

1. 贴近学生生活

支架式教学模式的直接理论支持为最近发展区理论，支架式教学重在分析学生已有发展水平和潜在发展水平的差异，并通过支架让学生跨越潜在发展水平，去追寻下一个最近发展区。在这个过程中，支架式教学首先要分析学生水平，从认知发展理论的角度来看，也就是分析学习的内部条件，然后搭建支架，也就是学习的外部条件。马克思的内外因关系理论认为，外因要通过内因起作用。因此，支架的搭建必须贴近学生生活实际，这是理论分析的结果，同时也是教学实践中所得来的经验。

在教学实践中，存在很多这样的例子，如在“时差”这个知识点上，可以通过观看NBA球赛的时差，以及电视剧中经常提到倒时差的概念来引入“时差”的概念，进而逐渐完善学生对时差知识点的掌握，这个效果要比通过图表支架来展示太阳光照范围、地球自转来说明时差的存在要好得多。又如通过帮助学生回忆登山时从山脚下到山顶的所观所感来说明地理环境的垂直地带性，效果要优于通过所学的“大气的受热过程”分析热源来解释垂直地带性。因此，教师通过学生生活中所感知的感性知识，指导学生获得地理知识中规律性的理性知识，效果会更佳。

2. 抽象内容形象化，复杂内容简单化

支架式教学本身就是一个通过支架的搭建将教学任务分解，一步步将学生的知识水平和技能提高的过程。落实到实际的教学中，实际上就是把抽象的教学内容通过分解转化，变成学生原有知识和技能中所熟知的内容，把复杂的、交错的内容分解为系统的、概括化的内容。在实践教学中，经常出现为了搭建支架而搭建，没有明确搭建支架的目的。支架搭建是知识和内容的形象化和简单化的过程，通过支架将知识和技能转化成学生易于接受的东西，或者学生稍微思考就可以跨越的内容，而为实现这个过程必将需要教师在备课过程中花费更多的精力。

3. 搭建支架的适时性、动态性原则

每个班级中，学生无论是学习能力还是知识水平，都是有很大差异的，对事物的理解也不尽相同。学生在学习过程中遇到阻碍时要求教师提供合适的支架来引导学生解决问题。教师面向的是一个完整的班级，假如不分场合和时间去设置相同的支架，对于学习基础较好的学生，虽完成了学习任务，但能力提高甚微；学习基础较差的学生则无法完成学习任务，长时间如此必然会打击学生学习的积极性。因此支架的搭建要具有实时性，要充分分析每个学生的最近发展区，并了解班级学生最近发展区的分布特点。同时，学生在知识建构的过程中，其最近发展区是一个逐渐升高的过程，是一个不断上升的过程，这要求支架的搭建要具有动态性。

（三）不同支架类型使用策略

支架的搭建是支架式教学的重要环节。在地理教学实践中，教师要根据不同的教学内容设置不同的支架，下面根据高中地理教学实践分别用案例加以说明。

1. 范例支架

范例就是举例子，也就是为学生列举具有参考、借鉴价值的实例来启发学生，进而完成学习任务。通过教学中的总结，每个支架的搭建都是一个情境创设的过程，让学生在教师提供的例子中去调动原有的知识，将原有的感性知识与现在所要学习的知识相联系，并通过教师的不断引导，来达到教学目的。例如在讲解地域差异时，可以通过青岛与新疆的气候差异来说明降水对地域差异的影响机制，通过海南与哈尔滨的气候对比来说明光照及温度对地域差异的影响，以及登山过程中气温的变化来说明垂直地带性差异。由此可知，范例支架主要用贴近生活化的内容，从学生的实际生活中去寻求与课堂内容有关的知识，来帮助学生理解。

2. 问题支架

问题支架较为常见，教师在教学过程中，通过教学任务分解，对所要学的未知知识和技能，通过提供一些问题，勾起学生好奇心，引导学生在问题情境下进行思考，进而达到引导学生建构知识的过程。问题支架的搭建具有很强的操作性，同时更重视细节，一些教学经验相对丰富的教师会在教学过程中较多的搭建此类支架，依据课程教学目标，预测学生可能会遇到的困难，适当地从不同层次和角度搭建问题支架，进而引导学生进行新知识和技能的学习。例如在由赤道到两极的地域分异规律中，让学生首先探讨为什么我国从南到北典型城市的气候存在差异，让学生去思考、总结我国这些城市存在哪些差异，为什么存在这些差异，进而来总结由赤道到两极的地域分异规律。又如在案例教学中，设立问题支架，“为什么春天时富士山的山顶离太阳较之山下要近却白雪皑皑，而山下绿树成荫？”让学生分组讨论，独立探索，并听取学生发言。借用图表支架，在说明地面吸收短波辐射、大气吸收长波辐射的同时指出地面是山顶的直接热源，太阳是地面的直接热源，帮助学生理解并掌握大气的受热过程。通过分析可知，问题支架多用于地理现象和地理规律总结的过程中，通过规律的外在表象来设置问题支架，让学生在思索的过程中逐渐掌握规律，完成知识的构建。

3. 建议支架

建议支架就是通过为学生提供建议，在学生独立思考或协作学习的过程中进行点拨，教师通过指出问题的关键所在，使学生走出学习困境，顺利完成知识建构。实则是疑问句变成陈述句的过程，也就是问题支架变成建议支架的过程。建议支架相对于问题支架来说，更加直白地指出问题的关键，有利用节约课堂时间。例如在总结由赤道到两极的地域分异规律形成原因时，建议学生从气温和光照的角度去考虑，就会避免学生很多的思考弯路。

4. 工具支架

地理学科是综合性、空间性、地域性极强的学科，涉及地球概论方面的知识时，对学生的空间想象力要求极高，同时在世界地理、中国地理等课程中，语言表达无法满足学生对生活所在地之外地域的联想，由于地理学科的这些特点，语言文字的表达效果较差，学生较难掌握和理解。如果能够借助PPT、模型、多媒体工具，则表现效果更直观，学生易于接受、理解知识。

第二节　高中地理翻转课堂教学模式

一、翻转课堂教学模式相关概念

（一）翻转课堂的含义

翻转课堂，也叫反转课堂，是指以能力培养为目标，以学生为中心，以信息化资源为支持，翻转了传统的课内课外、课前课后学习活动与学习任务的教学模式。

（二）翻转课堂教学模式

1. 翻转课堂教学模式的基本概念

翻转课堂教学模式是指学生在课前或课外学习知识，课堂成为教师与学生、学生与学生互动的场所，包括回答问题、解决问题、运用知识，从而达到更好的教学效果。

2. 翻转课堂教学模式的起源与发展

翻转课堂教学起源于美国伍德兰公园高中。2007年春天，乔纳森·伯曼和亚伦·萨姆斯两位教师为了帮助两个因缺课而学习进度缓慢的学生，开始使用屏幕捕捉软件来记录教学内容，并将录制好的视频上传到互联网上，不仅缺课的学生有机会学习因缺课而落下的知识，其他学生也可以使用视频做知识的巩固和复习。这两位教师观察到，学生在完成家庭作业或有问题需要解决时，确实需要教师的帮助，而知识的学习可以通过学生的自学来完成。因此，两位教师逐渐构建了以现代信息技术和微视频为载体，将知识传递和知识内化的过程颠倒过来的教学模式，即翻转课堂教学。

（三）翻转课堂的本质

从形式上讲，翻转课堂教学是对传统课堂教学形式的颠覆，逆转了课堂知识转移的过程和课堂知识内化的过程，实现了课前知识的转移，完成了课堂知识的内化。从宏观上看，翻转课堂是信息技术支持下的学校教育模式的整体改革，其关键是师生关系、地位和角色的根本性转变。在翻转课堂中，学校和教师关注的是学生学习活动的全过程，而不是课堂教学内容。

（四）翻转课堂的教学要求

1. 优质视频资源

翻转课堂第一阶段的主要任务是根据教师的要求，通过观看视频来接受和理解基本概念和基本知识。它通过取代教师的课堂教学，解放了传统课堂的时间和空间，用于第二学习阶段的讨论、交流、展示、提问等环节。《时代》杂志刊登了《无纸教室正在到来》一文，文章指出，学生们更喜欢在屏幕上而不是纸上学习知识。当课程结束，学生们把更多的时间花在屏幕上时，他们感叹：课程结束得如此快速。在翻转教学中，视频的质量在一定程度上决定了翻转教学的质量甚至成败。所以，如果地理教学视频不好看，学生对观看视频不感兴趣，就不能提高教学质量。在此基础上，提高教师设计制作教学视频的能力和水平是十分必要的。

2. 网络化教学环境

可汗学院实际上是一个致力于翻转课堂教学的非营利教学网站。网站具有视频资源在线管理与展示、在线互动交流、数据采集与处理等多种教学与管理功能。随着我国以“三通两平台”为核心内容的教育信息化建设的加快，翻转课堂的网络和平台环境将会越来越好。除了自主搭建的翻转学习平台，一些学校也考虑利用现有的一些在线学习平台开展教学，如在线学习平台已经取得了很好的效果。

3. 教师设计能力

地理翻转课堂中教师需要较强的资源和教学的设计能力。课前使用的教学视频制作和选择，需要教师具备微课设计能力；课堂中教师要组织学生进行疑难问题的讨论探究并培养学生的创新意识等，需要教师精心设计课堂中的翻转活动。地理翻转课堂的教学目的就是促进学生感受、理解知识，激发学生思考和反思，帮助学生内化知识并拓展能力。翻转活动中问题的设置也应尽量是一些开放式的问题，让学生谈自己的观点、感受和理解。

4. 学生自学能力

学生需要有较强的自律能力和自主学习能力。翻转课堂要求学生课外或课前学习知识，但由于学生缺乏自我意识，他们会玩网络游戏或看视频，因此教师有必要培养学生自主学习的习惯和意识。只有翻转课堂的目的和意义得到社会各界的认可和支持，翻转课堂才能拥有良好的教育改革环境、经济物质环境和社会舆论环境。显然，上述条件对于翻转课堂的实施是必不可少的。定义实施翻转课堂所需的环境和条件，教师可以知道从哪里开始为实施翻转课堂创造各种条件和环境支持，从而避免因环境条件的限制而遭遇中途受阻甚至中途夭折的命运。

二、高中地理翻转课堂教学模式的特征

高中地理翻转课堂非常注重学生个性的培养和自主学习能力的提升，突出体现学生在教学过程中的主体地位及教师的主导地位，对学生的全面发展起到了很强的促进作用，对教师教学能力的提高也做出积极的贡献。这是因为高中地理翻转课堂教学模式具备一些不同于传统教学模式的特点。

（一）学习时间自由的特性

在高中地理翻转课堂教学模式中，学生在学习时间上可以自由支配，根据自己的认知水平和现有知识的掌握程度，选择合适自身的教学资源和手段，在学习的进程上也可以自由控制，还可以随时随地与教师和同学在网上互动、交流、探讨。

1. 课下知识传授

在录制教学视频中，教师应充分认识到高中地理翻转课堂的重要性和运用的灵活性。教师可以根据课堂内容的重点和难点录制视频，将传统课堂的长时间教学缩短到5～10分钟，选择学生在教学过程中熟悉的教学案例，更有针对性的录制视频。

2. 课上知识深化

在课堂教学中，教师组织学生进行自主讨论的学习模式，在相互交流的过程中，使课堂内容不断深化和吸收，这样可以减少课后出现问题的可能性。在小组讨论的过程中，小组成员互相帮助，提高学生的合作意识和解决问题的能力。讨论结束后，教师要对学生进行评价，并给予学生学习反馈，为课后翻转课堂做好准备。

（二）学习进程自由的特性

在高中地理翻转课堂教学模式中，教师可以通过大数据及时地了解学生的学习进程，包括什么时间学习什么知识、学习到什么程度、学习的效果如何等。教师就可以在第二天的课堂上给学生做出适合其本身学习进度的教学安排，使学生的学习更有效率，学习效果更加明显。另外，家长也可以利用数字产品及时和教师沟通，了解学生的学习情况。

（三）新型学习方式的适应性

长久以来，教学资料主要是以书本的形式为主，读书成为获取知识的主要途径。然而，现今社会是一个数字化、信息化、多元化的网络时代，要跟上时代的步伐，就必须注重将网络融入知识获取的主要途径中来，这就要求教师不仅要教授学生书本上的知识，更要教给学生怎样获取网络上的有效信息资源。所以现在的学生要适应这种新的学习方式，也要适应这种全球网络资源共享的学习模式。

（四）教学资源的反复利用性

在高中地理翻转课堂的教学模式下，学生可以在课下反复观看、研究课程视频资源，把没有掌握的知识逐步弄懂。翻转课堂中的教学资源都是一些专业人士和教学人员制作的，长度基本在5~10分钟之内，内容十分严谨、高效，在传授知识的同时，也使学生学会如何利用碎片时间进行学习。

（五）教育的公平性与教学内容的递进性

在教育的发展历程中，教学的公平问题始终没有得到有效的解决。在高中地理翻转课堂的模式下，教育工作者将自己制作的教学视频共享到网络教学平台上，让学生在任何时间、任何地点都能享受优质、免费的教学资源，拉近了优秀教师与学生之间的差距。此外，翻转课堂的作业安排是阶梯式的，学生只有完成了前一次的学习任务，才能进入下一阶段的课程中，充分调动了学生学习的积极性。

三、高中地理翻转课堂教学模式的原则

（一）以学生为教学主体的原则

教学活动是师生之间参与和共同发展的过程，学生是学习的主体，学生是认知的重心，在高中地理教学发展的过程中，教学活动应面向全体学生的需

要，使学生得到全面的身心发展，教师不再是教学活动中唯一的主导角色，所有的教学活动都必须围绕如何促进学生主动学习而设计，要充分体现学生的主体地位。翻转课堂教学模式是从学生的角度进行教学，整个教学过程充分体现了学生的主体地位。课前，学生下载教师上传的教学视频，观看视频进行学习。在学习过程中遇到问题时，他们可以通过网络查阅大量的资料，或者与教师和其他学生进行讨论和交流，这给了学生足够的自由和时间去学习新的知识。在课堂上，教师鼓励学生大胆提问。在教学活动中，学生有更多的机会去独立探索、合作、交流、反思和分享，必要时，教师提供适当的指导，加深学生对知识的理解，使其形成自己的知识结构。

（二）教师主导性原则

“教师在教学中起主导作用”是指教师主要负责教学的内容、方法和管理组织，引导学生积极探索，培养学生学习的主动性和积极性。教师不仅要关注如何教学，还要积极促进学生的学习，这就需要教师为学生提供一些支持和帮助。在高中地理翻转课堂教学模式中，大部分教学活动都留给学生，但并不是说教师不参与其中。事实上，教师在为学生提供有针对性的学习材料、组织学生在课堂上学习以及为学生提供必要的帮助方面起着决定性的作用。

（三）平等民主的教学原则

教学中的师生关系是平等的、友好的，教师和学生都有权对问题提出自己不同的观点，勇敢地说出自己的观点，或者与他人交流讨论解决问题，所有这些都是民主合作的表现。因此，教育应该面向所有的学生，使所有的学生都能得到全面、健康、和谐的身心发展。教师要尊重每一个学生，与学生建立良好的关系，引导学生探索学习，共同完成教学任务。高中地理翻转课堂教学模式就是这种民主合作学习原则的体现。因此，只有师生平等、教学民主、合作交流，才能充分发挥学生的聪明和智慧，才能充分体现教师的主导地位和学生的主体地位，才能把教师的教与学生的学有机地结合起来。

四、高中地理翻转课堂的优势

（一）对于学生来说的优势

1. 翻转课堂道出了学生的心声

在当今社会，互联网总是伴随着学生的成长，如微博、QQ、微信等数字资源。由于学校禁止学生将电子设备带入课堂，学生在校期间必须关掉他们的电子设备。然而，一些学生仍然把手机和其他电子设备装在小口袋里偷偷带进教室。在信息时代，教师应顺应时代潮流，接受数字文化，容纳数字学习，为学生的学习服务。在高中地理翻转课堂中，鼓励学生带上自己的电子设备，相互配合，与老师互动，这种形式的课堂教学会散发出无限的活力。

2. 教会学生对自己的学习负责

翻转课堂促使学生去学习而不是去记忆，让学生成为真正的学习者。在高中地理翻转课堂教学模式下，学习发生在学生身上。为了成功，学生必须对自己的学习承担起责任，学习也不再是自己的一种负担，而是不被束缚和不断探索的挑战。教师放弃对学生学习过程的控制权，学生掌控自己的学习。与此同时，教师应该让学生明确学习的价值不仅仅是提高分数。

3. 帮助繁忙的学生和学习困难的学生

在翻转课堂教学模式下，繁忙的学生不用担心自己因为要去参加学校的竞赛等活动而落下自己的课程学习，因为主要的课程已经传到网络教学平台上。现在学困生让教师、学校很头疼。在课堂上，能够引起教师极大关注的往往是那些学习成绩优异或者性格开朗的学生，对于那些在课堂上保持沉默的学生，教师自然关注度比较低。在传统的课堂教学中，教师无论是对学习能力强的学生还是对学习有困难的学生都是以统一的步调讲解知识。对于学习存在困难的学生来说，在他们还没有理解清楚这个概念的时候，教师已经讲到下一个知识点，这种疑惑越积越多，到最后这些学生学习的积极性和自信心越来越受挫，导致他们不再想学习，学困生就是这样产生的，翻转课堂可以为学生提供“弥补的机会”。

4. 可更多地体现学生的个性，让学生自己掌控学习

在传统的课堂里，教师授课，学生在课堂上只是作为“静听者”。作为教育者，教师有特定的课程需要呈现在课堂上。学生被期望以一种给定的框架学习知识体系，大部分教师希望自己的学生能够理解在课堂上所呈现的知识。然而，就算是最好的演讲者或者呈现者，也会遇到落后或者不理解必须要理解的内容的学生。在高中地理翻转课堂上，教师应该给予学生远程控制的权利，学生可以根据自己的理解程度适时按下“暂停键”。

翻转课堂营造了学生主动学习的环境。在翻转课堂里，学习内容以教学视频的形式被永久保存，由于特殊原因而无法上课的学生不会落下功课；一些基础较差的学生可以根据自己的学习进度反复地、小步骤地学习，还可以得到教师的个别指导，真正做到个性化的教育。

翻转课堂后，学生能够通过教学视频，根据自身的情况来安排和控制自己的学习。学生可以在课外或者回到家中，在一个轻松的氛围下观看教师的视频讲解，而不用像在课堂上教师集体教学那样紧绷神经，担心遗漏什么，或者是因为上课分心而跟不上教学的节奏。学生观看视频的节奏快慢完全在自己掌握之中，一些已经懂了的内容就快进跳过，遇到没懂的部分就反复观看，也可以暂停下来仔细思考或记笔记，直到理解为止，甚至还可以通过聊天软件向教师和同学寻求帮助。不像在课堂上，当遇到不懂的问题，学生还在思考，但是教师已经开始讲解下一环节了，结果造成学生跟不上教师的节奏。而教师在有限的课堂教学中也不可能为了个别学生减慢教学进度。

5. 增加了与教师个性化的接触时间

在传统课堂里，学生与教师的接触仅限于课堂中少有的互动环节。在翻转课堂的学生自由讨论环节，教师可在教室里巡视，针对学生的具体疑问进行解答。这样的课堂增加了学生与教师之间互动和交流的时间，教师对学生的学习情况将有进一步的了解。

6. 能培养积极乐观的学生

学习理论是翻转课堂的理论基础，是一种关于教与学的“乐观”教学理论。而所谓的“乐观主义”，是“个体差异的普适性存在，每个学生学习一项任务所需的时间各不相同，这是因为学生的学习能力、语言能力、课堂教学质量和课外活动质量等因素的影响所导致的”，“乐观主义主张只要教师能找到一种方法帮助每个学生，那么理论上所有学生都能够变得优秀”。

具有这种教育观的教师会对每个学生的发展充满信心，不仅会关注班级中优秀的学习者，而且会为每个学生提供理想的教学、平等的学习机会、充足的时间和帮助，让每个学生根据自己的个性去学习和发展。教师这种积极平等的教育观有利于学生树立积极的自我形象和自我概念。通过重新分配学习时间，翻转课堂给学生更多的时间来控制自己的学习节奏，如果学习有困难，可以通过社区或课堂交流与老师和同学讨论。这种自主学习尊重个体差异，给每个学生足够的时间和平等的机会去掌握新知识，参与学习，让每个学生都有信心的参与课堂讨论。

（二）对于教师来说的优势

1. 有利于教师的职业发展

教师可以通过观看其他教师制作的微视频知道自己的同事如何教授一个概念，为各自的教学提供一个被了解与改进的窗口。由网络提供的开放性窗口让“拜访”每个教师的课堂成为可能。

2. 改变了教师在课堂中的角色

在传统教室里，教师是讲台上的“圣人”。在翻转课堂教学模式中，教师走下讲台，花更多的时间帮助学生，带领小组解决问题，与理解有困难的学生一起解决问题。这时，教师就是一个“教练”，带领学生走上学习的道路。教师有更多的机会鼓励学生，告诉他们怎么做是正确的，并消除他们的困惑。

3. 能帮助教师实现角色转型，获得满足感、成就感和价值感

一线教师的满足感、成就感和价值感主要来自课堂，来自学生对自身的认知和对所教课程的满意度。在知识获取不成问题的今天，教师在很大程度上丧失了知识权威的地位，因此，传统意义上的教学很难被学生接受，教师需要积极地重新定位自己，改变自己在学习过程中的角色。在高中地理翻转课堂中，课堂变为参与式，主要用于提问和互动讨论。教师需要设计教学活动，使学生通过完成实际任务来建构知识。教学模式的转变要求教师从单纯的传授知识向“领路人”转变。“学生自主学习—发现问题—教师引导、解决问题”是翻转课堂独特的教学模式，它充分利用课堂时间帮助学生内化知识。教师角色的转变直接促进了学生角色的转变，学生从传统课堂知识的消费者转变为知识的生产者。评价学生知识的掌握程度是教学的重要组成部分，同时，及时地评估也可以帮助教师及时调整课堂活动，更好地帮助学生学习，因此教师也是翻转课堂的评价者。教师地位的转变使传统的教学转变为建设性的学习服务。

五、高中地理教学中翻转课堂的实施模式

（一）任务导学

教师根据教学目标，合理设计预习与复习的任务，以引导学生的课外学习。预习任务建议选择基本性的、趣味性的知识，旨在激发学生的学习兴趣，解决非教学重难点，帮助学生建立新旧知识间的联系，体会新知识在实际生活

中的价值等；或者直接用小案例引导学生根据自主学习的简单知识加以解决，激发其好奇心和好胜心。

（二）视频助学

微课是当前最为热门的课外助学资源，教师根据教学大纲的要求具体划分知识点，通过教学设计分析出重难点、考点、易错点等，然后进行微课设计和录制。微课设计具体包括新知学习视频，主要用于新授课前的预习，教师以问题引导的方式带领学生预习并做好课上任务的布置；易错点学习视频，主要是对课堂练习、考试习题中易错的内容进行分析，用于学生自主反思与提升；复习视频，主要用于复习课前的准备，进行阶段性的知识总结梳理。不同的课程、不同的教师对教学视频种类的设计各有特色。

（三）习题测学

教师发布在线习题对视频助学的学习效果进行检测。这种检测由于教师运用的教学平台的不同，也呈现出不同的特色。但从测试内容来看，由于与学习同步，因此最好采用以章或节作为自主学习测试单位，以便及时检测。同时，在章节结束时再进行一次验收测试，既可对比学生自学时和验收测试时对知识掌握程度的差异，也可加深学生对知识的理解。当然，验收测试选用的题目可以比自学测试的题目难一些。

（四）反馈评学

课外，教师可通过学习管理平台阅览学生视频学习的情况（包括打开视频时间、观看时间、是否完整观看、学生对视频学习内容的反馈等）以及习题完成情况（时间、正确率）等方面的数据，进行在线评阅和答疑，全面了解学生课外学习的情况，为课堂教学提供决策依据。课程开始时教师进行集中的面对面答疑、反馈与评价，课程结束时教师针对学生的学习检测情况进行总结、提炼、反馈和评价。反馈评价是贯通课内外的纽带，也是推动教学智慧不断发展的助推器，其中包括教师对学生的评价和学生之间的评价。当然，这当中其实是存在问题的，即有些学生会“上有政策，下有对策”，他可以在网上把视频打开，而自己去做别的事情，所以单纯根据平台上学生打开视频的时间不足以证明学生是否真正地在学习，因此需要在实践中改进评价的依据。

（五）活动与互动

教师围绕教学重难点和学生能力发展目标，根据教学内容的类型，设计多样化的小组合作学习活动。例如，案例分析、“答记者问”（包括由其他小组的学生轮番提问，被考核小组回答，或学生提问教师回答，或教师提问学生回答等多种形式）等，这类活动形式灵活多变，关键是常态化的开展有助于调动学生学习的参与度，提高教学的效果。

（六）合作共学

教师通过合理的分组、分工机制以及过程监控策略，提高学生小组内的共学互助。例如，根据组员的表现对小组学习成绩采用小组成员中的最高分和最低分平均计算的方法，督促小组学生之间相互帮助，达到共同提高的目的。

（七）竞争检测

教师引入组间竞争机制，安排练习检测，帮助学生进行巩固和融会贯通。翻转课堂翻转了学习过程的两个阶段，使教学中的师生角色发生了很大变化，并且还重新规划了课堂时间的安排，改变了以往以教师课堂讲授为主的策略，彻底革新了传统教学模式。复习任务建议适当选择有一定难度的、分层挑战性的任务，旨在帮助学生自我检测与反思，在应用中优化认知结构，促使知识积累向综合能力的转化。地理翻转课堂不仅受到一线教师的热捧与争相尝试，还受到教育学及教育技术学领域的专家与学者的广泛关注。一线教师的翻转课堂实践案例，对于翻转课堂概念的界定具有很大的帮助，而专家学者的研究则进一步深化了翻转课堂内涵，他们结合自己的理解与实践及教育学理论知识，构建出了具有指导性的地理翻转课堂教学模型，为地理翻转课堂的教学尝试提供了教学设计范式，加快了地理翻转课堂教学改革进程。

第三节　高中地理情境体验式教学模式

一、高中地理情境体验式学习的内涵

“体验”一词，可以从多个角度加以分析。在哲学领域，体验被认为是生命本身存在的一种方式，是人经历了某件事后对人生、生活以及自身存在的意义与价值发自内心的感悟与思考。在心理学范畴，体验是受诸多心理因素影响而产生的一种复杂心理活动，是事物与人本身相联系过程中的情感融入和情绪、态度、意义的生成。

以学习获得经验增长为中心，旨在拓展学生思维、开发学生潜在能力的一种学习方式被称为地理情境体验式学习。地理情境体验式学习源于经验学习理论，是在总结了经验在学习中的作用后提出的。在教育教学中，要让学生掌握知识，学校就必须为学生提供优良的学习环境与可以获得知识的信息资源，让学生在继承前人经验的基础上，通过实践尝试进行吸收和改造，并能够将新知识融入其中，形成新的经验。地理情境体验式学习的核心是实践，知识的获得是在实践中完成的。地理情境体验式学习实践往往是通过游戏、课堂活动或是其他具体设计来实现的，强调以学生为中心。学生在参与实践的过程中将学到的知识灵活地运用，进而转化为自己的知识，这样学生可以在轻松愉悦的氛围中熟练掌握和使用学到的知识，学校也相应地完成了教学目标。

二、基于科学素养培养的高中地理情境体验式教学模式创设

现在人们评价一次教学活动成功与否，更多地关注它能否以及能在多大程度上促进了学生的科学素养的发展。所以，探讨教学情境的创设，也必须与学生的科学素养培养关联起来。

（一）创设合适的教学情境，帮助学生获得地理基础知识与基本技能

基础知识与基本技能是地理学科的基石。它的形成对于其他科学素养的培养来说是先决性的。离开它去谈论过程体验、信息处理、兴趣爱好等，无异于无源之水、无本之木。因此，教师在组织教学时，一定要创设合适的教学情境，使其尽可能形象且直观地再现学生原有认知结构与即将建立的新认知结构之间的“落差”，促使学生在消除这种“落差”的过程中，体验和感悟新知，从而牢牢地掌握新的知识与技能。

（二）创设合适的教学情境，发展学生学习地理的兴趣

高中地理的目的就是依照现代化教育的手段，全方位提高学生的科学素养，高中地理与传统的地理教育有一个很重要的区别，它对非智力因素的培养更为关注。事实上，教师的讲课越能带动学生的积极性，越能激发学生的热情，学生就越容易学习，教师的讲课方法也越深入人心，讲课效果就越可能“绕梁三年甚至三十年不绝”。所以教师组织学科教学，一定要在课堂上运用一些手段，创设一些真实情境或者是问题情境，就越能引发学生的思考和对问题的分析。因此，开发丰富多彩的教学情境，如实验情境、问题情境、漫画情境、影片情境等，应该是教师今后教学设计的最重要的任务之一。但同时要注意创设情境，不能一味追求所谓的“创新”，而忽视学生的原有认知结构，忽视学生的主动参与，忽视学生的情感体验，为情境而创设情境；相反，它的创设必须为学生科学素养的培养服务，着眼于学生的全面发展。

三、高中地理课堂情境体验式教学中的情境创设

教学情境的创设是激发学生好奇，引发学生注意，引导学生思绪，吸引学生兴趣的教学重要环节，关系到学生能否很好地进行“意义建构”。这就对教师的课堂教学设计提出了新的要求，教师要把情境创设当作是教学设计的最重要内容之一。

怎么创设情境？教学当中哪些内容需要创设情境？需要创设一些什么样的情境？对于以建构主义作为理论基础的高中地理来说，这些都显得十分重要。情境创设的好坏将直接影响后面的教学各个环节，进而影响到教学效果，教师没有理由不重视这个环节。

从创设情境的形式来讲，有意境、故事、疑问、破绽等，教师把这一切都理解为“教学情境”；从创设情境的过程来看，情境创设是按照教师为主的，是教师有意设计的，事先安排的，它与后面的会话、协作等环节来比较，更能看出教师驾驭课堂、驾驭学生的能力和教师的本身素质和专业水平；从情境所起的作用和情境创设所对应的教学过程来看，有课堂导入时的情境创设、概念形成时的情境创设、思路形成时的情境创设等多种情境创设。

事实上，情境、协作、会话是在意义建构之前的，意义建构是目的，因此很容易将情境、协作、会话混在一起，分不清楚。有的过程看起来像是协作、会话，但是如果把创设情境的目的理解为为了传授知识而进行意义建构，就可以说是情境，故它们之间的区分是比较难的，会出现一些不同的看法。这里力图从教学过程和内容、方式等方面来分析怎样创设情境，得出地理课堂教学中情境创设的基本模式，并上升到理论予以分析、探讨。

（一）课堂导入的情境创设

1. 创设情境的目的

吸引学生注意，激发学生兴趣，引导学生的思维进入课堂，为之后的教学服务。

2. 创设情境的形式

可设问、反问，可设置悬念，可讲故事等，也可通过多媒体等现代教学手段展示图片、动画、语音、放映地理小电影等。

（二）概念形成的情境创设

概念是地理里的重要知识，是地理知识的主体，知识框架的支撑，往往就是一堂课的主要内容、核心部分，它的形成非常不易，教师在教学中需要重点设计。教师需要通过情境创设调动学生的学习兴趣，吸引学生的注意，将学生引到有利于概念形成的思路上来，因此，概念的情境创设也就很有意义和必要。

1. 情境创设的目的

便于形成学生良好的学习环境和氛围，调动学生学习兴趣，将学生的注意力吸引到学习上来，从而有利于学生概念的形成和学习。

2. 情境创设的形式

一般是通过过程再现的方式让学生走进研究、探讨这一概念的道路，从中给出理性的分析和思路，并最终形成概念。

（三）思路形成的情境创设

作为高中学生，他们的思维能力在不断提高，因此高中教材也好，现行高中课程标准也好，高中教学实践也好，都把培养学生的思维能力作为最重要的来抓。在学习中，思维能力培养的实质就是思考问题或解决问题思路的形成，是知识运用的具体体现，也是读死书与否的具体体现。正因为思路形成的重要性，因此在思路形成时的情境创设就尤显重要。

1. 创设情境的形式

由于思路的形成是学习中更高一级层次的目的，因此形成思路的方式往往是通过一些相对来说比较复杂的具体实例或例题来实现的。

2. 创设情境的要求

情境创设要有针对性；要有全面性；要有清晰的思维方式；要能形成清晰的思路；要尽量有趣味和吸引力。

四、高中地理情境体验式教学模式构建

地理情境体验式教学要遵循以人为本的原则，明确学生的学习主体地位，学校与教师是为培养和提高学生的地理实践能力而服务的。地理情境体验式教学模式可以参照以下三个步骤进行构建。

（一）创建真实的情境

地理情境体验式教学的关键在于“体验”二字，而体验是在实践中产生的。因此，教师首先要针对教学内容或学习主题创建一个真实情境，真实的情境有利于学生对知识的体验与构建。在高中地理课上，教师创建的情境要与生活息息相关，脱离日常生活或不切实际的情境会给学生带来很多的误区，不利于学生的学习与体验。在实际的课堂设计中，教师可以通过多媒体视频、音频、图片等教具创建情境并将学生带入其中，引导学生结合其以往所学的语言知识，依据情境需要激发学生学习地理的欲望。在情境中，教师的教学重点应从教学生说转移到鼓励学生说，让学生勇于实践。此时教师要多听、多看，观察分析学生实践中存在的问题，哪怕学生表达的不够完善甚至是错误的，也要鼓励学生勇于实践，为学生学习地理建立自信，在和谐舒适的课堂上消除学生的畏惧心理，激发学生说的能力。

在这一过程中，学生敢说、敢做是教学能否取得成效的关键。教师在鼓励学生学习地理时，要着重关注那些有畏难情绪的学生，当他们说得不够标准或做得不正确时，教师不要一味地强调学生操作的准确性，而不考虑这样做会不会打击学生的学习积极性，从而让学生产生抵触情绪。要想达到学生敢说、想说的目的，情境设计是否合理是极其重要的。教师要从贴近学生日常生活的情境出发，将学生的地理实践建立在他们的自我体验之上。

（二）设置合理的任务

合理的任务包括两个方面：一个是学生在活动中要完成的学习任务目标；另一个是教师要完成的教学任务。学生的任务需要教师进行详细讲解，并在具体的活动过程中帮助引导学生完成任务；教学任务反映在教师与学生之间的互动是否达到预计效果，任务的设置是否能够激发学生的潜能上。在实际课堂活动中，可以采用小组合作的方式进行分组讨论，让学生在解决课堂活动问题时，能够学会合理的运用知识。这一阶段任务的设置不能过于简单，学生不用多做思考就得出答案不利于激发学生的学习兴趣；同样任务设置的也不能太难，让学生无处着手，这样难免会造成学生的畏惧心理，丧失学习的信心。在任务设置时要以“最近发展区”为理论依据，综合考量学生现有的知识水平，设置一些稍有难度，但学生可以通过合理运用现有知识就能够完成的任务。

这一步骤的核心内容是合理设置学习任务，让学生通过讨论能够自由交流。在课堂活动开始之前，教师在讲解任务时可以明确给出任务主题所涉及的表达需求提示，如关键词等。在讨论时，教师不要过度干预小组间的交流，在必要时给予引导或提示，拓宽学生思路，使活动可以有效地展开；对于学生在实际操作中出现的问题，教师要在课堂上找到共性问题，予以改正，对于个别错误可以单独在课下讨论。

（三）合作交际体验

合作交际体验阶段，要求学生结合真实的生活情境，融入课堂活动，根据自身体验进行实际操作，在同学之间开展有效的、实用的实际活动。教师要注重培养学生合作学习的意识，让学生自由组合成学习小组，根据自身知识掌握水平和交流经验，自主选择学习任务，形成有效的语言输出。教师作为协助者，在学生遇到困难时要及时给予指导。在此过程中，学生采取的合作学习模式来进行地理实践可以降低彼此之间的焦虑感，促进情感的有效交流，将以往的输入性知识更多地转换成理解性实践输出。小组各成员在进行地理实践的时候，需要不断地提升自身的地理实践水平，在巩固原有实践能力的同时，也要增强学生的自信心和自我成就感，让学生可以不断提升自身的地理实践能力。

第四节　高中地理抛锚式教学模式

一、抛锚式教学模式的概念

抛锚式教学也被称为“情境性教学”“实例式教学”或“基于问题的教学”。所谓抛锚式教学，就是指教师在教学时为学生创设具有真实性的学习情境并提出问题，并且将所要学习的知识放在情境中，通过教师的帮助，使学生在解决了一个个生动而且真实的问题之后，达到了学习知识的目的。学生在探究事件或解决问题时能够进行自主学习与合作而建构的教学模式，称为抛锚式教学模式。对此，国内外的研究已经形成了比较一致的看法。抛锚式教学中的“锚”指的就是由教师所创建的有情节的故事事件或者问题，而创建这些真实的事件或问题的过程就被形象地比喻为“抛锚”，一旦这类事件或问题被确定了，整个教学内容和教学进程也就被确定了，就像轮船被锚固定住一样。抛锚式教学模式的中心是使学生在一个完整真实的问题背景中，产生学习的需要，而不是根据教师经验的间接介绍和讲解。教师通过镶嵌式教学帮学生以及学习小组中的成员进行互动、交流以及自主学习，并且亲身体验从识别目标到提出目标和达到目标的全过程。“锚”是抛锚式教学中的核心，学生在整个学习的过程中都要围绕着“锚”来进行。教师选用的具有代表性的案例，创建情境和设置问题是最关键的地方，它直接决定了课堂的教学效果。在这种学习环境中，学生整个的学习内容和学习过程是基于具体的事件或问题上的，能更好地掌握知识并应用于实际问题是其中的关键。总之，抛锚式教学是使学生适应日常生活，学会独立识别问题、提出问题、解决真实问题的一个十分重要的方法途径。

二、高中地理抛锚式教学模式操作基本环节

抛锚式教学模式在两个重要的教学设计原则下进行操作。

第一，学习与教学活动应围绕某一“锚”来设计。“锚”的确定必须在教学目标的引导下，结合学生的学习能力与已有的经验，将相应的知识与方法镶嵌在“锚”中，通过学生感兴趣的手段展现给学生。第二，抛锚式教学模式中所设计的课程应该包含有利于学习者对教学内容进行探索，进而解决问题的丰富资源（如交互式录像、影碟等）。抛锚式教学模式的具体基本环节：创设情境—确定问题—自主学习—协作学习—效果评价。

（一）创设情境

通过不同方式呈现情境的创建，教师可以借助多媒体教学课件或网络教学环境，将教学内容镶嵌在所创建的情境中，能够使学生通过对情境的分析确定所要研究的问题。即“锚”的设定是抛锚式教学中的基础，是抛锚式教学的出发点和切入点。所创设的情境一般要满足真实性、全面性、可接受性这几个特点，创设的情境能引导学生主动参与问题的讨论研究，能够促使学生原有的知识与必须掌握的新知识之间发生激烈的冲突，激发学生强烈的问题意识和求知欲。

（二）确定问题

当情境确定之后，接着学生进入情境接受问题。学生一般先整体了解材料，然后选取其中的核心要素，再回到材料中去提取背景材料中的有效信息，并筛选与这些问题相关的信息资源。在这个基础上，由教师或学生选择出与当前学习主题密切相关的问题作为学习的中心内容，并围绕问题进行研究，这个过程也就是“抛锚”的过程。在地理教学过程中，问题是教学的心脏，有了问题，学生才有探究的欲望；有了问题，学生才有探究的目标。确定问题是解决问题的起点，也是动力。

（三）自主学习

问题被确定下来之后，学生就开始想办法解决问题，不是由教师直接去告诉学生应该如何去解决问题，而是由教师向学生提供解决该问题的线索。在教师的引导下学生根据所确定的问题，利用已经掌握的知识和经验，结合书本或网络等其他手段对信息不断进行筛选、编辑，对所涉及的知识进行解释和再定义，在整个学习与探究的过程中，学生自主学习的能力得到了锻炼，所掌握的

知识也更加深刻与牢固。自主学习能力包括确定学习内容的能力，获取有关信息与资料的能力，利用、评价有关信息与资料的能力。

（四）协作学习

抛锚式教学模式非常强调学生的合作学习能力，这是因为首先在呈现给学生的问题中，对于某些复杂问题，学生通常不能独立完成，需要与同伴合作或者指导教师的帮助。通过交换不同观点的沟通与交流，可以加深每个学生对当前问题的理解。这时教师应该鼓励学生去考虑多种解决问题的方案，并且鼓励他们与小组成员讨论自己的想法。最后学生完成了目标，并对多种解决方案进行评估，确定最佳解决方案，同时锻炼了学生的交流能力与合作的能力。

（五）效果评价

抛锚式教学并不是以提高学生的分数为目的，而是帮助学生提高能力。所以，这种评价是多方面的，并不是单一的。效果评价包括小组评价、教师评价和学生评价。小组评价是学生反思自己解决问题的过程，教师评价通常是在学习的过程中随时观察并记录学生学习的表现，而学生评价则是学生与同组成员之间交流自己的心得与经验。

三、抛锚式教学模式在高中地理课中的教学设计

（一）创设有吸引力的“锚”

1. 创设真实的情境

抛锚式教学的开展是建立在一个预设好的真实的问题情境之上的。什么样的问题情境更能激发学生的求知欲，是需要教师着重考虑的问题。学生比较熟悉的或是当前的热点问题不失为最佳选择。例如，在高中地理必修1关于“日界线”的教学中，学生对这一知识点普遍难以理解，若采取传统的教学模式难以引起学生的兴趣。但在教学时若创设一个情境：“一个小朋友的梦想是一年可以过两个生日，他的梦想可以实现吗？那么在哪里可以实现？”以这种方法启迪思考、引发兴趣，学生会迫切地想知道答案，可以达到事半功倍的效果。地理紧密的联系着社会生产生活，来源于生活中实际的情境可以拉近与课堂的距离，同时也让学生认识到地理学习的现实意义。教师带领学生走出课堂进入真实的情境能够让学生更好地理解地理知识，锻炼地理思维，这样更容易激发学生的兴趣，提高学习的效率。

2. 创设直观的情境

在地理学科的学习过程中，有些地理过程的演变规律是很抽象的。例如，地球的运动、太阳直射点的位移、自然界的水循环、大规模的海水运动等，学生很难在头脑中建构这样的知识。这就要求在地理教学中充分利用各种信息媒体技术，生动、直观、形象地展示地理演变过程，让学生接近真实性的地理环境。例如，在有关《大规模的海水运动》一节中，由于学生的空间想象能力和逻辑思维能力相对较差，无论教师如何组织教学语言，都显得无能为力，这部分知识往往成为学生学习地理的障碍。现在教师可利用多媒体模拟演示，教师首先引导学生观察动画演示，然后提出问题："这节课要学习一种大规模的海水运动方式——洋流。那么，什么是洋流？按性质分，它可以分为哪两种类型呢？"这是让学生相互讨论交流，努力找出解决问题的答案，这样就将抽象的地理演变过程转化为直观的地理情境，也培养了学生的好奇心，更加调动学生的积极性，同时也激发了学生的创新思维。

（二）围绕"锚"组织教学，培养学生能力

围绕"锚"组织地理教学，就是在真实的地理情境中，针对情境中的中心问题进行教学。根据学生现有的认知水平和教学内容，通过自主、探究、合作的学习方式，培养学生自主学习、合作学习的学习能力。

1. 学会自主性学习

自主性学习不是由教师直接告诉学生解决问题的方法，而是由教师向学生提供解决该问题的有关线索，学生则在教师的帮助下解决问题。在这个过程中注意发展学生自主学习能力。抛锚式教学模式的核心强调以学生为中心，学生不是被动的接收信息，而是要主动地建构信息。因此，学生必须主动地参与到整个地理学习过程中，要根据自己先前的经验来建构新知识。例如，高中地理必修1中的《常见的天气系统》一节，天气系统是围绕在学生身边的现象，但课本中的专业术语却显得难以理解。这时教师可以从当天的天气状况引入："有哪一位同学能够根据昨晚的电视天气预报说出今天的天气如何？"天气预报与我们是息息相关的，这大大提高了学生的学习兴趣。天气现象是学生能感受到的一种自然现象，这种自然现象是不断变化的，不仅同一地点不同时间的天气有晴、阴、雨、雪等变化，而且同一时间不同地区的天气也不相同。通过这样的方式，学生会自主弄清其中的道理，这在一定程度上提高了学生自主学习的能力。

2. 学会探究性学习

地理教学不是简单的知识传输的过程，更是一种使学生积极探究并学有所获的过程。教学应把学生置于具有一定复杂性的问题情境中，使学生对知识有多角度的理解，形成对各种问题有自己的观点和见解。在这个过程中教师鼓励学生大胆猜想、质疑，用实践等去探究地理学科中的各种问题。如在学到《冷热不均引起的大气运动》时，由于这节比较简单，教师可以让学生提前预习，让学生自己想出例子来解释冷热不均引起的大气运动的原理。例如，学生会想出这样一个实验：在桌子上分别放一个装满热水的盆和一个装满冰块的盆，再在盆两侧点燃一炷香。这时可以发现：香的烟雾会先下沉，并且从装冰块的盆向装有热水的盆飘动，然后在装有热水的盆的上方向上升起，最后飘向装冰块的盆的上方，这就形成了一个循环。结论是：地面冷热不均带来空气环流，也就是热力环流。这时学生会非常开心，也会牢牢地记住知识，加强了探索精神。在新课程改革理念的倡导下，地理学习要改变单一接受式学习方式，倡导探究学习。

3. 学会合作性学习

提高合作性学习能力是抛锚式教学模式的目标之一。首先要建立合作的学习氛围，设置场景与活动，不仅要注重培养学生个体的发展，而且要在解决问题的过程中培养学生良好的合作性，这种合作性包括学生与教师之间、学生与学生之间。这就要求教师应为学生合作学习提供一个有利的框架，可采用多种多样的教学方式。例如，在《自然地理环境的整体性与差异性》一节中，可以使用角色扮演、小组合作等教学方式，让学生积极主动地参与学习。首先把自然地理环境中不同的区域分成不同的角色，也可以起好名字让学生去扮演，并把全班分为差异性与整体性两大组。使学生在阅读教材、查阅资料、采访之后，自由选择扮演差异性或整体性的角色，然后教师提出问题。这时每组学生的分工不同，各负其责。有的收集整理材料，有的扮演不同区域的居民，有的发言。在课堂上，学生们用讲解、表演、展示资料等方法，试图表现自己的地方特色。通过这样的合作式学习，改变了过去学生死记硬背知识的弊端，在愉快的氛围中学到了知识，同时也增强了学生合作学习的能力。

第五节　高中地理主体性教学模式

高中地理主体性教学是高中地理课程标准指导下，在教师有目的、有计划、有组织的指导和引导下，学生自觉、主动地参与地理教学活动，自主地探究地理知识、发现地理问题、解决地理问题。在此过程中，对作为实施主体的地理教师的要求是要尊重学生的主体地位，因材施教，从学生原有的地理知识水平、学习特点和生活实际需要出发，确定教学内容、教学方法以及教学目标达成的程度。最终地理教师的教要落在学生的学上，要使学生积极主动地掌握地理基础知识和基本技能，发展地理思维能力。

一、高中地理主体性教学的目的

（一）激发学生学习地理的兴趣

在地理教学中，教师要根据教材内容设置贴近学生生活实际的案例，激发学生主动参与课堂教与学的双边活动。例如，在学习《地理信息技术在区域地理环境研究中的应用》一节时，教师可以用在2008年汶川大地震中唐家山堰塞湖抢险救灾时的视频来激发学生对地理知识的渴望，以出租车叫车服务来说明全球定位系统在我们身边的作用。用生活实际的案例激发学生的兴趣，浓厚的学习兴趣是提高学生地理学习主体性发展的一个不可缺少的条件。

（二）发展学生的地理学习能力

学生地理学习主体性要得到提高，学生自身还需具有与之相适应的地理学习能力。在教学过程中培养学生的地理观察能力、地理实验能力和地理思维能力是地理教学的基本要求，掌握地理信息的获取、分析、加工的能力是地理知识应用和地理考试的基本条件。例如，在分析区域环境和区域发展时，对给定的区域，学生要能迅速地获取区域的信息（气候、地形、土壤、水文、植被等），然后对信息分析加工，才能分析出区域存在的优势、存在的问题以及提出解决措施。

（三）培养学生的地理素养

高中地理主体性教学还要求地理教师在课堂教学中营造一种轻松、民主、自由的教学环境，尊重学生的思想、活动和学生情感，依据教学内容设置具有时代性的课堂内容，逐渐让学生增强地理学习能力和生存能力，逐步关注人口、资源、环境和区域发展等问题，以利于学生正确认识人地关系，形成可持续发展的观念，珍爱地球，善待环境。

二、高中地理主体性教学的课堂特征表现

（一）学生主动参与地理课堂教学

在高中地理课堂教学过程中，教师不仅要把握学生对地理知识的掌握程度，而且要注意学生所学习的地理知识是教师传授的，还是通过自己主动探究获得的。例如，学生在学习《常见的天气系统》一节时，主动学习的学生会观察每天的天气变化，能认真思考生活中的现象与地理知识的联系，有的学生能主动把冬天教室玻璃上的水雾形象地比喻为锋面附近的降水现象。

（二）开展有效的合作学习

地理教师根据教学内容设计一个有利于学生相互之间展开合作研讨的活动情境，一方面为学生提供合作探究的机会，另一方面让学生产生与同伴合作交流的心理需要。组织小组合作学习并不是一件简单的事，它需要教师做大量的课前准备工作，包括对学生的学习特点、教学目标、教学环境和资源等方面的深入和细致分析，对问题情境、自主学习、协作环境和学习效果的评价等方面进行系统的设计，只有这样小组学习才能真正发挥作用。如在讲授“正午太阳高度的计算”后，为了增强学生的实践能力，教师采用分组合作测量当地的经纬度，学生不仅学习兴趣高涨而且分工合作时也可体现出小组的凝聚力。

（三）鼓励学生创新思维

创造性是主体发展的最高表现。要想在地理教学中培养学生的创造性，就要坚持引导学生对地理问题的创新意识、创造性思维和动手实践能力等。在地理教学中，教师要经常启发和培养学生学会从多角度思考地理问题，从多方面寻找地理问题答案的思维方法，丰富学生地理的空间想象力，开阔学生的地理

学习视野和思维境界。例如，在讲解“地球运动的地理意义”时，提出假设地球自东向西转，地球上的自然现象可能会产生哪些变化，学生运用已有的地理知识分析推理可以得到以太阳在天空中的运行方向发生变化、地转偏向力方向发生变化、气候类型的分布规律发生变化等。

（四）尊重学生个体差异

教育家赞可夫说：“当教师把每个学生都理解为他是一个具有个人特点的，具有自己的志向、自己的智慧和性格结构的人的时候，这样的理解才能有助于教师去热爱儿童和尊重儿童。”学生由于自身智力方面和基础知识好坏等因素，对学习内容的掌握存在很大的差异。例如，有的学生自然地理知识掌握得不好可是人文地理知识很好，有的学生人文地理知识掌握得不好可是自然地理知识掌握得很好。所以，教师在组织地理教学时要针对学生的个体差异进行“分层教学”，做到心中有“学生”，因材施教，评价学生要以积极的、正面的引导为主。

（五）让学生在课堂上体验成功

在传统的地理课堂教学中，教师注重地理知识点的讲解和查漏补缺，寻找学生的地理知识弱点，学生积累的是学习地理知识失败的体验，不断强化地理“难学”，强化的是消极的自我意识。而主体性的地理教学重视学生的个人感受，强调让学生获得成功的体验。教师让学生在课堂上一次次体验成功，使学生学得生动、学得活泼，学生的综合素质和创新能力才能得到真正培养。

三、高中地理主体性教学的实施策略

（一）转变传统教学理念

在高中地理教学实践中，大多数学校和教师仍深受功利性的教育理念的影响。一方面，出于升学的功利性目的，学校和教师过度关注量化的学生成绩。这种方式不仅无法保证教学效果，而且增加了学生学习的压力和心理负担。另一方面，在这种功利性的教学理念的影响下，高中地理教学大多实行教师课堂讲授和学生被动接受知识的教学模式。这种被动式的教学模式不仅不利于学生对知识的学习、把握和利用，而且也忽视了学生主体性的培养和综合素质的发展。因此，为实行高中地理主体性教学，需要转变传统的功利性的教学理念，将主体性意识和主体性思维方式贯彻在教学活动的每一个具体环节中。

（二）建立良好师生关系

良好的师生关系，对于调动学生学习的积极性和对课堂教学活动的参与度具有十分重要的作用。因此，为实施高中地理主体性教学需要建立良好的师生关系。一方面，在平常生活和课外时间，教师应主动关心学生生活和学习的状况，而且要与学生做朋友，保持联系与沟通，建立良好的师生关系。另一方面，在课堂教学过程中，教师应在平等交流的基础上，做学生学习的合作者和引导者。传授知识和学习知识是一个合作、交流、反馈的互动过程，参与这个过程的教师和学生在一定意义上是平等的。因此，在实践中，教师应由居高临下变为平等对话，建立良好的师生关系，让学生做课堂的主人。例如在讲授常见的天气系统时，可以引导学生参与讨论日常生活中常见的天气变化和地理知识的联系，鼓励学生发表不同的观点和看法，借以培养学生观察生活的能力和主动学习的能力。

（三）丰富教学方式方法

受功利性的教育理念和被动式的教学模式的影响，高中地理教学往往局限于教师边板书边讲课的课堂教学方式。这种教学模式不仅无法激发学生学习的兴趣和动力，而且不利于教学效率的提高和学生主体性的培养。因此，高中地理教学应突破传统教学模式的限制，适当采用合作学习和结合社会实践活动，丰富教学方式方法。一方面，合作学习是在教师的引导下学生分为若干学习小组，对特定主体进行讨论和交流的学习和教学方式。这种方式不仅可以强化学生的合作意识，而且可以锻炼自主学习能力。另一方面，适当结合社会实践活动，不仅可以为学生提供一个减轻学习压力和适当放松的机会，而且有助于加深对相关地理知识的理解和应用。如在学习旅游活动的相关内容时，教师可以组织学生去本地的特色文化景点感受文化特色和学习地理知识。

主体性教学凸显了学生的主体性是对传统教育理念和教学模式的突破。这种教学模式不仅有利于发挥学生的积极性和创造性，而且适应教育改革深入发展的要求。因此，在高中地理的教学实践中，应转变传统的教育理念，坚持学生在教学活动中的主体地位，建立良好的师生关系，引导学生自觉参与教学活动，主动学习地理知识，积极探究地理问题。同时，高中地理教学应突破传统的教学模式，采用合作学习和结合社会实践的方式，丰富教学方式方法，进一步推动主体性教学的发展。

第六节 高中地理混合式教学模式

一、“混合式教学”应用于高中地理课程教学的意义

（一）“混合式教学”的内涵

国内外很多的学者对于混合式教学的概念都做了大量的研究，其中国外学者迈克尔·奥雷分别从三个角度对混合式教学的内涵进行了分析，包括从学习者的方面、教育者的方面、管理者的方面进行分析，他认为混合式教学是达到教学目标的方法。国内学者何克抗教授则认为混合式教学是传统教学与多媒体教学相互结合的一种新方法，他着重强调学生在学习中的主体性，教师是学生学习的指导者、协助者，所以在现今的教学中教师要充分发挥学生的主体地位，把课堂交给学生，让学生做课堂的主人。查看众多学者对于混合式教学的解释，人们会发现混合式教学不是一种单纯的“线上+线下”的教学，而是在互联网时代背景下开展的一种与时俱进的教学模式，它将教学理念、教学资源、教学目标进行有机的整合，使传统教学在新的模式下可以变得更加符合现今学生的需求。

（二）基于混合模式下的高中地理课程教学改革的必要性分析

第一，高中地理教学在混合式教学模式下的改革可以有效改进传统教学模式的一些弊端。传统的教学模式是教师在课堂上一直在讲，学生处于一直听的状态，传统的课堂不是以学生为主体，而是以教师为主体，整个教学的过程都是学生一直听教师讲课，教学缺乏互动。人们可以清晰地看出，被动的学习环境很难激发学生学习的兴趣，很难让学生参与到教师的教学活动中来，这种教学模式也很容易让学生产生厌学的心理。相比于传统的教学模式，混合式教学就显得与众不同，可以将学生的积极性充分地调动起来，使得教师的“教”与学生的“学”密切地结合起来，并达到良好的互动效果。

第二，运用混合式的教学模式可以提高高中地理教师的教学能力。传统的教学模式中，教师只是按照教材传授知识，没有发挥教师应有的一些作用。与之相比，在混合式教学中教师不但是地理教学中的开发者，而且也是教学的组织者，在地理教学中起着非常重要的作用。在这种要求下，高中地理教师就需要具有非常高的综合素质，要求教师必须具有扎实的专业基础知识，而且还要了解当下前沿的网络知识，并且能够将这些前沿的网络知识运用到现今的教学中。这就要求地理教师要不断地充实自己，只有这样才能真正地体现一个教师的价值，才能适应社会的发展要求，才能为祖国培养出高素质的人才。

第三，运用混合式模式的高中地理教学在教学理念上有着明显的改变，这种改变有利于地理课施行分层教学。虽然我国的高中都在不同程度上开设了地理课，但是因为存在地域上的差异，使得学生们在不同程度上存在认知的差异，这种巨大的差异给高中地理教学带来了非常大的困难。随着时代的发展，当今社会对地理的使用要求越来越高，如果教师仍然使用陈旧的教学模式，必然无法满足各个层次学生的需求。所以为了解决这种矛盾，混合式教学应运而生，这种模式可以针对不同层次的学生实施分层教学，可以充分贯彻因材施教的教育方针政策；这种模式可以使成绩好的学生学会更加高端的技能，使成绩差的学生更好地掌握基础知识，这是对学生的负责。

二、混合式教学下高中地理教学的变化

（一）在混合式教学下，教师的“教”与学生的“学”都发生了变化

随着时代的发展，人们对于教育者、受教育者的认识都发生了转变，很多学者认为学生应当是课堂的主体。在各个高中的地理课程学习中，教师们也都转变了传统的教育方法，将学生放在主体的地位上，让学生成为课堂的主人，教师则成为课堂的指挥者。这是因为随着教育的进步，教师的主体地位逐渐在削弱，学生对于探索新知的愿望也在逐渐加强。在课外，学生可以通过网络学习到一些新知，这对学生来说有着非常大的吸引力。

（二）混合式教学下，教学更突出学生的个性化教育

对比传统的地理教学，现今的网络式教学更受学生们的欢迎。网络教学打破了原来唯书本的教学形式，突破了时空的界限，使得教师的教学更加形象、具体。在课堂上，教师可以利用网络向学生传授一些书本上不曾涉及的新知，

或者教师可以让学生自主通过网络去探索新知。高中阶段的学生正处于人生的塑形期，这个时期的学生渴望证明自己，所以在教学过程中教师应鼓励学生的个性发展，但不否认共性。教师可以通过教授学生网络地理的知识，让学生了解自己、感知自己，从而与高中地理课程的教学理念相一致，这既可以完成教学任务，又可以帮助学生学习知识。

三、混合式教学下高中地理教学的改革

（一）积极利用网络资源，拓展资源获取渠道

基于网络的高中地理教学具有其他教学无法比拟的优势，这个优势是因为网络教学拥有非常庞大的数据库。因此，高中地理教学应该利用网络技术资源共享的技术，让更多的网络资源成为教学的踏板。第一，高中地理课程的教师应该转变传统的教学思路，让网络资源成为教师教学的主要工具，并逐渐让学生独立自主的使用网络资源进行课程的学习，积极鼓励学生在混合式教学中进行实践演练。第二，高中地理教师应该凭借网络资源丰富教学内容，并有针对性地进行整理，从中挑选出适合学生学习的知识，这将在一定程度上弥补教材与社会发展脱节的弊端。

（二）展开多样化及开放式的研究性学习

在高中地理课程中，教师应该在混合式教学下为学生提供课业的讨论区，并将重点知识进行上传，方便学生下载学习，同时教师应该及时回复学生的提问。学校通过这些措施，可以在一定程度上实现教师与学生之间的双向互动，可以提高地理教学的水平。

（三）克服实践与理论脱节的弊端

高中应该将地理教学的教学方式给予根本性的改变，积极响应国家和教育部的号召，全面创新教学模式，加强地理理论与实践教学，并在一定程度上增加实践教学的课时，延长学生的实践操作时间，给学生提供更多的实践机会，让学生在实践中检验真理、发现真理。教师在注重学生课内学习的时候，也应该关注学生的课外学习，将课内学习与课外学习有机地结合起来，这将有效解决教学中的重点和难点问题。

（四）坚持与时俱进，及时更新教材

随着时代的发展，教师要密切关注社会中新出现的技术和知识点，并及时

将这些新的知识传授给学生，同时教师需要将学习地理的软件进行更新换代，使学生能熟练操作新软件。此外，由于地理的设备更新换代十分迅速，所以教师更应该时刻关注有关地理方面的信息，确保教学具有实效性，这样做将会使学生以最快的速度适应新事物的出现，并能熟练使用新的事物。

四、高中地理混合式教学模式的探索与构建

为了有效保证高中地理教学的质量，地理课程的组织者设计了一种将传统教学与网络教学相结合的地理教学模式，并为此创设了良好的学习氛围。

（一）创新混合式学习

教师主动教，学生被动学，教师教什么，学生学什么是传统的教学模式。在采取混合式教学模式之后，教师和学生之间的关系发生了明显的变化，教师成为教学的指导者、帮助者，学生成为课堂上的主体，在课堂上学生有更多的主动性。此外，在课下学生可以通过网络在线上与教师进行沟通，教师针对学生的问题给出明确的答复，这样不仅可以提高学生的学习效率，还可以增进师生之间的情感。

（二）重新构建教学内容体系

高中地理教学的设置是为了提高非地理专业人员的地理水平，并为这些人将来的生活、工作、学习培养一项必备的生存技能。随着时代的发展，地理技术的发展也是非常快速，然而学校的教育却跟不上时代发展的步伐。因此，在分析各种问题之后提出了要将地理信息技术引入课堂的这一想法，这样教师就可以将新的理论知识和技术实时的更新给学生。

五、基于混合模式下的高中地理课程教学改革路径

（一）课程导入

混合式教学模式是一种新型的教学模式，国内的很多教师对此都比较陌生，更何况学生。因此在实施此项教学模式之前，应该在学生之间进行调查，看看学生有哪些疑问，以便在上课时对学生的疑问做出解答。调查问卷的问题应该包括：高中地理教学中的哪些问题可以在线上进行提前的预习？在线上上课的时候如果遇到问题该怎么办？线上和线下课程的区别是什么？哪些课是线上的，哪些课是线下的？这些问题不仅会帮助学生解决一些问题，而且也会帮

助教师解决一些问题，让双方都可以更加了解混合式教学。以上这些都可以作为教师的课堂导入，一个良好的课堂导入会决定整堂课教学活动的成效。所以教师在进行课堂导入的时候不仅要对混合式教学进行介绍，还要对整个课堂所要完成的教学目标、教学内容、教学方式等进行介绍，这将让学生更加明确开展混合式教学的意义。

（二）构建单元化知识点的学习内容模式

在对高中地理课进行混合式教学时，需要明确该课的教学目标、教学内容以及知识点。同时，教师需要对本节课将要讲授的知识点进行细化，这将更有利于学生的理解，此外在教学的过程中教师需要让学生清楚教学目标、个人的学习目标，以及需要掌握的知识点。在本节课结束的十几分钟之内，教师需要总结知识点，并将知识点上传至网络教学平台，方便学生的课后复习，这种方式将会达到良好的学习效果。

（三）考核评价过程建设

高中地理混合式教学是一个多层次的学习过程，在整个教学过程中教师不仅需要对教学理念、教学内容进行改革，还需要改革教学评价。在高中地理混合式教学中，学生的成绩不是靠考试决定的，而是靠一种多元化的考评方式决定的，如课堂提问、“线上+线下”学生的表现、学生的出勤、理论知识的成绩等，这种多元化的考核方式将在很大程度上调动学生学习地理的积极性。

第七节　高中地理导学案教学模式

一、导学案教学模式

（一）导学案教学模式的概念

20世纪50年代开始出现教学模式的概念与理论。国外教育界认为，教学模式即学习模式。教师在帮助学生获取信息、思想、技能、价值、思维方式及表达方式时，也是在教他们如何学习。国内教育界认为，教学模式是在一定的教育思想与理论及学习理论指导下，开展教学活动的稳定结构形式。本节所探讨的导学案教学模式，是以“导学案”为载体，导学为方法，教师为主导，学生为主体，师生合作学习的教学活动形式，旨在培养学生自主学习能力，促进学生全面发展。导学案教学模式就是运用科学的导学案，学生先自主学习，教师再总体拔高，“导”与“学”密切结合。在此教学模式下，首先教师根据课标要求，深入研究教材，挖掘教材内涵，搜索与教学内容相关的知识点，了解学生现有知识水平，根据学生思维特点，按照一定的方式设计出导学案；其次，在应用导学案教学时，教师根据学生的个体差异，对不同的学生给予不同的、最贴切的引导、帮助以及合作，使每个学生都有收获，都有发展，都能体验到成功的喜悦，真正使教堂教学变成教师的主导和学生的主体。教师由“教学生”转变为“帮学生”，由“灌输者”变成了“主导者”；班级由“一个学生”变成了“一群学生”；学生由“要我学”变成了“我要学”“我爱学”“我会学”。同时，也要求教师要不断提高学科能力和自身素质，这样才能更好地理解学生、帮助学生、点拨学生。

导学案教学模式的核心概念就是学生自主学习、同学之间合作学习以及师生共同探究学习，该模式可以充分吸取国内外先进教学模式的优势。20世纪80年代开始，就有学者开始探究各种新的教学模式，各种教学模式的宗旨都是充分尊重学生的个性，引导学生在学习知识的过程中获得解决问题的方法，促进学生能力水平和知识水平的共同提高，培养学生的创造力。可为导学案教学模式借鉴融合的教学模式主要有赫尔巴特的四阶段教学模式、“网络交互”模式、“协作—探究”模式、“教与学互动”模式、“导学探索，自主解决”模式等。通过对各种先进教学模式的学习，对工作过程中的反思总结，笔者认为导学案教学模式也可以在原有基础上与多种教学模式相融合，形成新颖有效的导学案教学，这种教学模式充分运用各种有效资源，学生个人自主学习，同学之间相互合作，师生共同探索发现，知识通过“刺激—反应—强化”的模式形成学生的学习经验。该模式可以分为五个阶段：已有经验和知识的准备、自主积极尝试、合作讨论探究、教师辅导点拨、共同小结成功。这种教学模式坚持学生为主体原则、尝试指导原则、迁移原则、启发性原则等，使地理课堂有趣而高效。

（二）导学案教学模式的理论依据

1. 多元智力理论

多元智力理论是加德纳于1993年从研究脑部受创伤的病人身上，发觉到他们在学习能力上的差异从而提出的理论。加德纳认为每个人从出生起，智力水平都是相同的，只是经过不同的生活环境和经验的开发，每个人显示出来的智力水平才会存在一定的差异。多元智力理论强调每个学生都有基本的智力，因为智力的不同组合才表现出了个体的不同差异，所以，每个学生都有其优势的智力领域。教师的教学方法和手段应根据学生和教学内容而变得多元化，应根据不同学生的学习特点，经常变换教学的方法，给予学生以多样选择，才能得到更好的教学效果。所以，学生在学习地理知识时，可以通过运用自身的智力优势，找出适合自己的学习方法来完成一个学习项目，在教师的指导下，找出自己的智力优势，激发自己的学习潜能，充分发展自己的个性。

2. 建构主义学习理论

建构主义学习理论认为世界是客观存在的，但是每个人对世界的理解和赋予的意义是不同的，都是以自己的生活经验和学习的基础来构建和创造的。所以，在实际的地理教学中，教师的责任不仅仅是把知识简单的传授给学生，而是应该由学生自身根据对知识的理解和生活的经验去构建的过程。教师应当引导学生从原有经验出发，调整学生的理解程度，从而建构起新的经验。建构主义学习理论的核心强调学生是学习的构建者，不应该是教师给予，学生被动接受，而是学生在已有知识和经验的基础上主动构建活动。而且教师的角色也应该从传统教学中的以讲授为主变成以指导、引导学生为主，成为学生构建学习的帮助者和促进者。

3. 群体学习理论

群体学习理论认为，在群体的学习环境中，人们可以相互影响，共同提高学习效率，所以学习中的个体并不是孤立的。

4. “最近发展区”理论

苏联著名教育心理学家维果斯基提出的“最近发展区”是学生现有的发展水平和学生在学习之后可能达到的发展水平之间的发展空间。学生现有的发展水平即“最近发展区”的前端水平，是学生独立解决问题的水平，具体表现为学生自己会做什么和能做什么。经过教师的辅导帮助之后学生能达到的水平即“最近发展区”的后端水平。导学案教学模式充分体现了“最近发展区”的理论：导学案的设计即是教师在明确前端水平的基础上科学设计的，通过合理的导学案开展学生课前自学、课中探究、课后总结的学习过程。学生在课前自己阅读导学案中的内容，熟悉教材，查阅相关资料，自觉收集巩固与构建新知识有关的旧知识，独立完成自学内容，到达个人认知发展的前端水平；课堂学习阶段，通过教师的引导、同学之间的探讨以及师生间的互动，构建新旧知识间的桥梁，努力到达理想的“最近发展区”后端水平。

5. 有意义学习理论

美国教育心理学家奥苏伯尔把人的学习过程分为两种：有意义的学习和机械学习。从学习的内容和学习者已有的知识经验两方面来看，一切有意义的学习都是在原有认知结构的基础上产生的。教师应提供有意义的学习材料，帮助学生从原有的知识结构中提取有用的信息，建立新旧知识之间的相互联系，重新组织知识结构。在该理论的指导下，导学案的设计必须明确，学生认知结构中的现有生活经验和知识基础是否存在与新知识相关的概念和理论，这些生活经验和知识基础为学生的学习和记忆新知识建立了一座桥梁。学生认知结构中起桥梁作用的生活经验和知识基础要清晰而明确，以便学生牢固而清晰地掌握新知识。

（三）导学案教学法的设计原则

在实际的教学中，当教师利用导学案教学法进行教学设计时，主要强调学生才是知识的主动构建者，导学案教学法的设计主要遵循以下几个原则。

第一，导学案教学法是以评估完成项目为主的评价方式。教师在采用评价方式时，要做到定性评价和定量评价、自我评价和他人评价、个人评价和小组评价之间的有效结合。

第二，导学案教学法是以创设情境为辅的教学策略。在实际的教学中，教师要创设与学生实际学习和实际情况相符的情境，要让学生有更多的机会在不同的情境中运用所学的知识，要让学生投入教师设计的学习情境中去运用所学的知识点来解决问题。

第三，导学案教学法是以项目选取为关键的教学重点。教师在项目的选取上既要包含项目的基本课程知识点，又要调动学生解决问题的积极性。

第四，导学案教学法是以学生为主体的教学模式。在实际的地理教学过程中，教师要对整个教学的设计以及组织工作负起责任，要对学生起到指导的作用，主动参与到学生的讨论中去，充分引导学生发挥创新精神，提高其自身的主观能动性。

二、高中地理教学中导学案教学法的应用价值

地理是高中学生的必修选项，因为地理是培养高中学生信息技术操作的基本技能，是提升高中学生信息素养的主要课程。导学案教学法在高中地理教学中的应用价值主要体现在以下几个方面。

第一，导学案教学法促进了学生的综合发展。在导学案教学法中，项目的完成不仅仅需要学生只具备学习的能力，更需要学生具有良好的社交能力和过硬的心理素质，这些都要求学生具备更多的综合素质，所以导学案教学法可以多方面的促进学生的综合发展，从而培养出更多的符合社会发展的全能性人才。

第二，导学案教学法凸显了学生的主体地位。在传统的教学中，课堂都是以教师为主体，学生的课堂主体地位并没有得到凸显。而在导学案教学法中，学生的主体地位发挥了极大的优势，教师以学生为主体，引导学生自主完成学习任务项目，从而提高了学生的自主能动性，提升了学生的学习兴趣。

第三，导学案教学法培养了学生的实践能力。在传统的教学中，学生只是

在课堂上学习了一些理论性的知识，并没有付诸实践，所以就会容易出现学了就忘的现象。而在导学案教学法中，实践恰恰就是教学项目完成的核心途径，一切都是通过学生亲自动手完成的，教师只是起到了引导作用，所以自然就可以培养学生的实践能力。

三、高中地理导学案教学方式

（一）合理地选择教学项目并分成小组模式

在地理教学中，由于教学项目的大小、难易程度都不同，这就需要教师不仅要考虑教学项目的本身与规模，还要考虑到教学项目是否符合教学的实际情况，要兼顾学生实际技能水平。除此之外，教师还要在地理项目设计中引入一些具有过渡性的微项目或子项目，让学生既能复习到以往的知识点，还要引导出新的理论和技能，这些都要求教师从学生的实际情况出发，合理地选择出适应学生发展的教学项目。

教师在地理教学中应用导学案教学法的前提就是要学生分组合作展开学习。分成小组模式的教学目的既在于使学生得到全方位的促进和提高，也在于将学生置于主体的重要地位，改变过去的传统教学模式。而要使学习小组发挥出最大的优势，教师就需要在分组时考虑到多方面的特点和需求。例如，每个学习小组都要配比一定数量的学优生和学困生；组内要分别具有领导、活泼、带动力强的学生，从而保证小组内有足够的活跃度。

（二）以小组建立为重点

在传统的地理教学中，教师的教学对象都是由学生个体组合成的课堂，学生之间的交流互动也很少，这样既不利于学生思维的创新，也影响了课堂的教学氛围。而导学案教学法是以课程项目为中心，以师生共同完成教学项目为手段，特别是学生，需要与身边的同学共同合作，才能完成项目。所以，在地理教学中应用导学案教学法，就要以小组建立为重点，根据学生的学习水平、学习应用技能的差异，合理地进行小组划分。

（三）科学设计课程内容

在地理的实际教学中，导学案教学法价值的体现需要各个教学环节的支持，因此在设计课程内容时，教师要遵循科学合理的原则去设计出符合实际教学情况的课程项目，避免课程内容与教学方法脱节的现象，以促进教学任务的完成。

（四）重视实践操作

在地理教学中，导学案教学法的实施可以使学生在操作过程中巩固学到的理论知识，使其更好地掌握地理知识的运用和操作技能。需要注意的是，导学案教学法的运用需要结合当前社会对人才需要的方向进行，要使学生既有足够扎实的理论基础，又要有较强的实践操作能力，只有在两者兼顾的情况下，才能更好地提升学生的地理应用能力，帮助其进入社会后能够顺利发展，变成对社会有用的人才。

（五）以评价活动为辅助

在实际的教学环境中，教师要改变以往的评价方式，要以过程性评价取代总结性评价，要着重观察学生在完成教学项目的过程中的表现，注重学生的优点，给予其鼓励性的评价，提升学生的学习兴趣。教师需要发挥出良好的评价辅助作用，利用好教学评价对学生的激发、强化的辅助作用。其中，教学评价不仅仅是教师对学生的评价，也是学生对学生、学生对教师的评价，导学案教学法要求突出学生的主体地位，所以教师要积极地引导学生展开自评、互评，也要鼓励学生对教师展开建议性的评价，这样不仅仅能使学生的学习质量得到提升，也可以使教师的教学质量得到提升。

四、高中地理导学案教学模式的实施策略

（一）自然地理导学案教学模式实施策略

高中地理必修1自然地理部分属于自然科学范畴，需要遵循严格科学的逻辑进行推理。自然地理部分具有很强的空间性和抽象性，又有很强的整体性和连贯性，若简单地使用言语描述，学生之间的相互讨论未免不易理解又太过乏味，该部分的教学要充分利用各种工具、图片、资料、教学器材，配合现代化的教学手段，融合其他各种教学模式的可取之处，充分调动学生的积极性，引导学生将学习与生活联系起来，收集生活中的相关素材。运用导学案教学模式的教师，应该在开学之初就设计一个“大导学案”，也就是整个学期的学习计划与目标，用文字或图表的形式来阐明计划目标内容，教师与学生共同明确，并交由学生自我评估完成情况以便自我激励。

（二）人文地理导学案教学模式实施策略

人文地理学以人地关系理论为基础，探究各种人文现象的地理分布、迁移和变化，探究人类社会活动地域结构的形成以及发展规律。高中人文地理是高中地理课程的重要组成部分，高中人文地理部分的导学案教学模式要注重培养学生的人文素养，导学案需有利于培养学生用动态的眼光看待事物，帮助学生树立正确的人地观，形成可持续发展的观念，增强学生的社会责任感，以使学生学会珍爱地球，保护环境。高中人文地理部分的知识包含的内容很广泛，导学案的编制要与自然地理密切结合，还可适当与人文社会科学的其他学科交叉融合，体现地理学习的综合性。人文地理关注的是人文地理现象内部各要素的联系，更注重分析地理环境各要素对人文地理现象产生的影响，体现自然与人文的完美结合。导学案的编制要体现出地理事物的地域性，帮助学生理解人文地理事物或人文地理现象的空间分布的复杂性，引导学生发现区域存在的差异性，如不同地域的农业地域类型有差异，可以采取类比的方式编制导学案内容，帮助学生整理思路。其次，导学案要体现不同区域内部人文地理事物或者现象的空间分布、空间结构之间的联系，引导学生发现地理区域的整体性，如在农业基础相对较好的地区，容易形成较大规模的工业区，导学案可以给出相应案例，由学生总结规律，与自然地理部分相比较。要获得地理规律较为不易，需要导学案给出具体地理事物的案例，引导学生进行归纳、总结，得出在特定范围和条件下具有特殊性的地理规律。

（三）区域地理导学案教学模式实施策略

地理学不只是研究地球上各种自然要素和人文要素共同组成的有机整体的科学，而且还是研究地理事物的空间分布状况、地理事物空间结构形态的科学。高中区域地理的学习在高中地理课程结构中是重要的研究方向，在整个高中地理学科体系中占有举足轻重的地位。近几年的高考题都是在叙述原理的基础上，结合某一具体区域作为案例，着重从不同的层面、多个角度来考查学生的分析能力、实践能力和解决问题的能力，且对学生的地理学科思想、学习方法与思维能力的考查力度也在不断加大。

认真分析人教版高中地理教材发现，高中地理必修1和必修2中，区域的相关知识都有明显的体现，且占有相当的篇幅：必修1第五章《自然环境的整体性和差异性》中，就对学生提出要求，要能够运用地图总结区域地理环境要素的地域分异规律并分析其原因；必修2第三章的《农业的区位选择》以及第四章的《工业的区位选择》，都涉及区域发展的相关内容。必修3的区域地理是以自然地理和人文地理为基础，一个区域的内部特征受多种自然因素和人文因素的影响和制约，区域地理的学习不仅需要运用自然地理的知识对区域的自然地理环境特点及各要素进行分析，而且需要运用人文地理的知识对区域的经济、人口、城市、农村、交通等进行全面的分析，最终整体探究该区域自然环境与人类活动之间的相互关系和相互影响。

区域的学习方法必须被高中教师和学生共同重视，科学全面的区域地理知识有利于人类社会的良性发展，有利于人类与自然的和谐相处，有利于生态文明与人类社会的可持续发展。导学案的编制必须注重培养学生以下几方面的能力：理论联系实际的能力，理解、分析地理事实的能力，运用地理学科基本原理探究区域的特征、成因、规律的能力。

第四章

高中地理教学实践

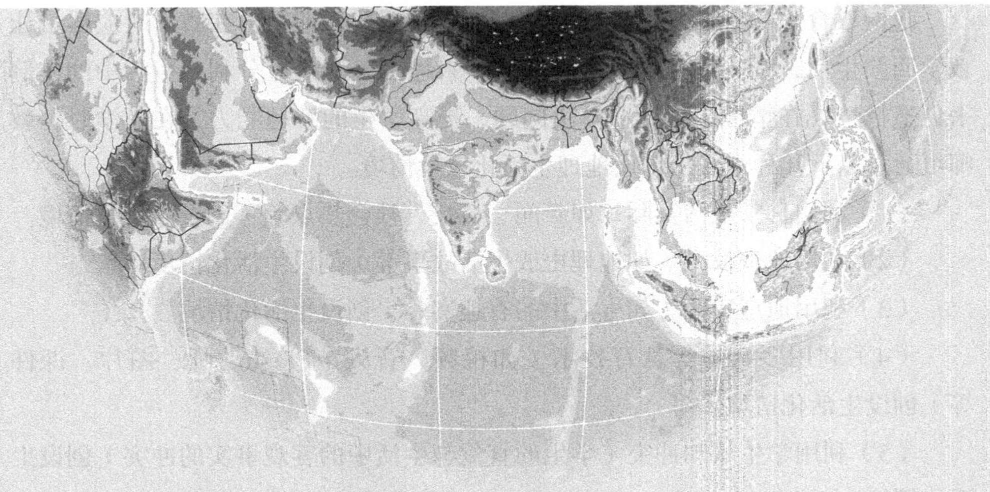

第一节　高中地理教学内容生活化

一、生活化教学的内涵

所谓的教学生活化就是一种建立地理教育原理和在建构主义理论基础上，坚持理论联系实际，立足学生实际生活的教学方法。从生活中出现的问题或任务入手，使学生在各种形式的探究活动中获得知识和技能，培养情感体验，加深对地理知识的理解，从而更好地利用书本知识解决生活问题，从中学习和理解地理，感受到地理的趣味和魅力。可见，生活是教育的源泉，教育来源于生活并服务于生活，教育只有满足了生活的需要才有意义。

二、高中地理教学生活化的方法

（一）教学情境生活化

我国教育家陶行知先生强调“为生活而教育”，即教师在教学时应尽量让教学回归生活，捕捉学生对生活关注的“兴趣点”，或充分利用生活中的实例来创造情境，在情境中提出并解决问题，提高学生的解题能力。在教学时，教师可通过以下几种方式来创设地理生活化教学情境。

（1）利用日常生活实际（如新闻、科技、社会热点等）创设生活化情境。

（2）利用地理故事（如地理史或生活故事等）创设生活化情境。

（3）利用地理实验（如生活中的有趣实验）创设生活化情境。

（4）利用多媒体等教育技术（如视频、音频、Flash动画、图片、课件等）创设生活化情境。

（5）利用学生认知冲突（学生的直觉与生活中的客观事实的冲突）创设生活化情境。

通过创设生活化教学情境，让学生感受生活中的地理，进而由情境产生一些驱动性问题，最后师生共同解决问题，提高学生解决问题的能力。

（二）课堂对话生活化

师生之间的内在联系是教学过程中创造性主体之间的沟通（对话、合作、沟通）关系，可以在教学过程的动态生成中展开和实现。地理教学过程的内在逻辑是“多向互动”和“动态生成”。教师应与学生充分互动，以便激发更多的生态资源。在课堂上，有时学生会遇到超出教学预设范围的问题或讨论，作为一名教师，应如何面对他们？这时，教师应把握学生的兴趣点，与他们进行对话，尽量使对话源自生活中的一些例子，让学生感受到师生对话的启迪或趣味性，而不是简单地传授专业知识。

（三）实践活动生活化

实践是检验真理的唯一标准，实践活动可以让学生的主体性真正得到淋漓尽致的发挥。在地理教学中，尽量创造学生进行实践的机会和条件，在实践中不断将感性知识上升到理性知识，形成知识的有效迁移；在实践中丰富自身的生活经验；在实践中体验学习的乐趣。因此，在地理课堂实际教学中，应结合学生的一些生活经验和地理课程标准，努力创造条件和机会，提高学生用地理知识解决实际生活问题的意识和能力，并激发其参与地理科技实践活动的热情。

三、高中地理生活化教学模式的探索

（一）把生活化现象引入课堂教学

地理与生活密切相关，可以说，生活中的各种现象都与地理密切相关。客观地讲，纯地理知识枯燥无味，学生很难引起兴趣。如果教师以生活中发生的事情为例进行教学，学生会感到非常新鲜和有趣，这会让他们觉得在课堂上学习的知识并不是那么无聊。因此，及时引入生活实例可以调整学生的注意力，也可以使原本严肃的课堂教学氛围更加自然、放松。教师把生活中的一些相关地理现象作为例子或思考问题引入课堂教学，让学生运用地理知识来分析和解决这些问题，不仅可以巩固所学的知识点，加深对地理知识的理解，而且可以提高学生对地理知识的兴趣，激发学生的求知欲和学习热情。

（二）运用地理知识解释关于地理的社会问题

每天报纸、电视、互联网等媒体平台都会有大量的社会活动，其中不乏一些与地理直接或间接相关的活动。因此，教师可以鼓励学生关注当前与地理相关的问题，如空气污染、水污染、土壤污染、化工厂生产过程、农药使用、地理中毒、各种燃烧爆炸事故及处理措施，甚至炸药、飞机燃料、地理武器等军事领域的相关知识都与地理密切相关。教师应该鼓励学生独立观察、分析和解释这些问题，并在课堂上表达自己的观点，然后教师可以相应地对学生表述时出现的问题进行及时纠正。这样做不仅能激发课堂气氛，增加学生对地理课的兴趣，而且能加深学生对地理的认识和理解，达到更好的教学效果。这种教学模式打破了原有的教学模式，提倡学生在学习中发挥主观能动性，积极和师生互动，教师要努力引导学生自主学习，鼓励学生求异创新。

（三）生活化教学模式的意义

1. 生活化教学的设计目的

生活化教学的追求，是在高中地理的理论内容和技术知识点与现实生活中的生活现象和实际行动之间建立联系，了解它们在一般情况下的共同点，让学生有意识地进入地理课堂，熟悉生活，并将生活中可能发生的类似情况与对知识和实验操作的理解联系起来，使最新的地理成分成为原始认知结构的一部分，以达到对知识的真正理解。即使理解透彻，也不能说明学生对地理知识有充分的掌握，因此理解不能作为高中地理学习的最终结果和教学的终点。培养学生的创新思维，在实践中灵活运用知识，是教学的目标。高中地理教学的日常生活应提倡学生在社会的一般实践中灵活、熟练地运用地理理论，提高学生在连续的潜意识操作中驾驭地理知识的能力。

2. 高中地理生活化教学模式的必要性

（1）高中地理与生活实际息息相关。学生在学校学习阶段是人生成长的黄金时期，当他们对周围的事物充满好奇时，也充满了探索精神。地理与日常生活密切相关，日常中的地理产品有化妆品、护肤品、沐浴用品、盐、油、醋、农业肥料等。从地理学科体系的结构来看，学生可以从多个方面进行探索和研究。因此，教师可以普及一些生活中任何时候都可能遇到的地理常识，这样学生就可以很容易地处理类似的问题。这样一来，学生就可以轻松掌握知识，在良好的学习态度下，不断培养强烈的学习兴趣。

（2）教育观念的时代潮流要求高中地理教学生活化。高中地理教学要想有生活化的特点和状态，首先要熟悉生活中的地理现象，了解相关的信息，并有意识地从生活中选择材料，有效地掌握这部分材料。在高中开展生活化地理基础教学时，教师要用现实的生活气息来模拟学习背景，注意教学内容与生活的联系，让学生回到正常的生活习惯和状态，关注高中地理的内容，在现实生活和地理知识学习之间架起一座桥梁，建立联系，把高中地理学习的技巧和理论运用到实际生活中去。在生活中运用地理知识来解决问题，激发学生学习地理的兴趣，培养他们探索科学的能力。

（四）生活化教学模式实施途径

1. 联系生活，理解地理

在高中地理教学中，由于地理概念的抽象性和系统性，学生经常观察和发现自己生活中的许多科学现象，这是不容易理解和记忆的。学生观察到的许多现象都与地理有关。为了使学生更好地学习地理，更深入地理解地理的原理和概念，教师可以有效地指导学生从生活中常见的现象中学习地理，在地理知识中体验生活的乐趣，进而对地理概念有更深的理解。

2. 利用生活资源，进行地理实验

地理实验在高中地理教学中具有举足轻重的作用，科学、有效的地理实验对提高学生的地理学习效率非常重要。因此，教师要善于利用生活中所有的生物资源，将其转化为地理实验的原材料，从而有效地帮助学生将地理与现实生活紧密联系起来，消除学生对地理的陌生感，激发他们对地理学习的浓厚兴趣，进而快速融入地理学习中。同时，在学生进入实验或学习状态后，教师应对学生进行有效的引导，让学生学会独立思考，并进行自主探索，尽可能多地通过亲身体验发现并解决问题，让他们将学到的地理知识应用于实际生活中，鼓励学生在以生物资源为实验对象完成地理实验的过程中大胆创新，这样做不仅可以提高学生的地理实验能力，而且还可以为学生观察生活和学习应用地理知识提供有利条件。创新实验的成功给学生带来了长期而有效的影响，能够培养学生探索科学真理的精神。

3. 重视练习，还原生活

课后练习是学生巩固课堂所学知识和“温故知新”的重要途径，因此教师应重视学生课后练习的实践。在进行习题设置时，教师应努力恢复生活的本质，使学生在进行习题练习和巩固旧知识的同时，还可以观察生活，发现生活中新的地理知识。通过这样的方式，不仅不会让学生感到压力和厌倦，反而会激发他们的学习兴趣，提高他们追求真理的能力，从而提高学生的地理学习效

率，同时还有利于带领学生走上探求真理的道路，为学生未来的发展奠定了良好的基础。

四、高中地理生活化教学策略

陶行知是我国近代著名的教育家，他一生都投身于教育研究中，提出了很多教育思想，其中，在国内外影响最大的就是生活教育思想。陶行知先生指出，生活教育的含义就是教育以生活为中心、生活靠教育前进，二者的关系是密不可分的。想要提高适应社会和改造社会的能力，就需要将教育与社会生活紧密联系起来，并做到学以致用。陶行知先生还指出生活教育是突破传统教育模式的教育方式，与传统教育的书本来源不同，生活教育的来源是生活本身，传统教育只是一味地让人读书、考试、升学，不利于学生个性的发挥，甚至还会阻碍国家和社会的发展。实现高中地理生活化教学需要做到以下几点。

（一）树立新的教材观

我国教育的主要资源是教材。一般来说，教材都是由相关的专家、学者共同编制的，具有权威性，但是不同地区的学校之间的教学情况各不相同，学生之间也存在差异性，而教材无法全部满足这种差异性，而且，时代更新变化的速度远超过课程改革的步伐，将教材作为课程教学的唯一资源显然是不明智的。在这种情况下，教师应该树立新的教材观，把教材当作教学中的辅助资料，教师要兼顾课程的共性和学生个性，始终把学生的发展作为课程教学的最终目的，与时俱进。

（二）教学过程生活化

要想让地理教学能够应用到实际生活中，教学过程生活化是改善地理教学方式的关键，教师只有在教学过程中把教材上的知识，尤其是比较枯燥的理论知识与现实生活相结合，才会提高学生的学习兴趣和学习效率。因此，教师要善于观察和发现生活中有用的地理事物和地理现象，并适时地将生活中学生随手可得的例子穿插在教学过程中，让学生在生活化的教学过程中掌握地理知识。

（三）教学内容生活化

教学内容生活化是指从生活中随处可见但常常忽略的地理现象入手来引出所要讲授的内容，让学生在日常生活中学习地理知识，实现生活化教学，即让地理课堂的教学内容贴近生活，从而提高教学效率。生活中的地理现象处处可

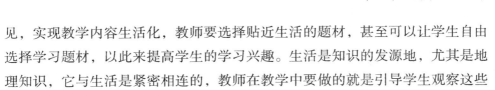

见，实现教学内容生活化，教师要选择贴近生活的题材，甚至可以让学生自由选择学习题材，以此来提高学生的学习兴趣。生活是知识的发源地，尤其是地理知识，它与生活是紧密相连的，教师在教学中要做的就是引导学生观察这些地理现象。

第二节　高中地理教学信息化与动画制作

一、高中地理教学信息化

高中地理信息化教学是现代教学的一大发展趋势，并且在地理教学中得到了一定应用，也获得了良好教学效果。信息化教学要想得以规范、科学的发展，就必须有一定的基本理论作为指导，同时随着信息化教学的发展，其理论也逐渐形成了一定体系。

（一）地理信息化教学的基本概念

1. 对学生主体地位加以强调

在现代高中地理教学中，学生是个性丰富、鲜活、具体而不断发展的认识主体，是独立的群体和个体，具有很强的主观能动性。在高中地理教学过程中，学生的主体性主要从主动性、自主性和创造性方面表现出来。

2. 对活动的重要性进行强调

传统的教学活动主要侧重于知识的“授—受”活动，而现代教学活动的主要观念则是要求在教学中，应对教学活动的多样性和重要性有一个充分认识，教师要给学生设计一些具有多种性质的教学活动，在教学活动中参与各种形式的学习，使学生的自觉性和主动性能够在教学活动中得以充分发挥，对学生的创新精神、创新意识、创新能力进行培养，以更好地促进学生的能力、知识和个性得到全面发展。

3. 强调学生的主观能动性

在具体的教学过程中，要使学生的探究激情和学习兴趣得以激发出来，对学生的个性和特长予以充分尊重，促使学生积极参与学习，使学生的潜能最大限度地发挥。通过采用多媒体技术，教师可以使学生的学习兴趣得到很好的激发，同时采用多样化的教学方式来促使学生能够更加主动积极地对知识进行自主探究。

4. 强调师生积极主动地互动交流

师生之间进行多样化的交流，能够促使师生的心理距离得以缩短，促使学生的学习兴趣得到增强，使学生在学习的过程中进行生活经验的共享，对学生的知识结构进行完善，促进学生的社会性学习，发展学生的社会性素质。对于教师来说，通过进行师生之间的相互交流，教师可以暂时放下权威的架子，与学生进行平等的交往，这样能够帮助教师和学生相互学习，共同提高。

（二）地理信息化教学的要素

传统教学理论研究，常常会将教师、学生、教学内容三者看作是整个教学系统的主要构成要素，又被称为教学系统“三要素”。伴随着现代信息技术的快速发展，在现代教育教学活动中，媒体的作用越来越突出。正是由于媒体要素的介入，才使得教学内容在传递方式和表达形式方面发生了很大变化，使得教学方式产生了革命性的改变。在信息化地理教学系统中，媒体成为重要的构成要素。媒体、教师、学生是信息化地理教学系统中的三个核心要素，在一定的教学环境当中，这三个要素相互作用，进而产生一定的教学效果。

1. 媒体

信息化地理教学系统中，媒体主要是指现代的教学媒体，现代教学媒体是通过利用现代科学技术成果而发展起来的，并被运用到教学领域的电子传播媒体。

2. 教师

随着现代信息技术的发展以及在教学中现代教学媒体的应用，教师所扮演的角色也发生了很大变化，同时也面临着新的挑战，这就要求教师在信息化教学环境中具有相应的开展教学的能力。

（1）掌握现代教学理念。教师在信息化地理教学环境中应当具备相应的现代化信息技术，这样才能更好地开展教学。

（2）具备信息化教学能力。第一，信息素养。教师的信息素养主要包括信息意识、信息知识、信息能力和信息道德。其一，教师要具有敏锐的信息意识，能够正确理解“信息”“教育信息化”“信息社会”等的概念及内涵，这样才能更好地开展信息化教学。其二，教师应具有一定的信息知识，了解信息技术、信息化教学相关的知识、方法及理论。其三，教师要具有相应的信息能力，也就是说，应具备利用信息技术来开展教学的能力。其四，教师要具有良好的信息道德和一定的信息安全意识。第二，信息化高中地理教学设计能力。教师应当明确信息化教学设计的内涵，知道信息化教学设计的特点，理解信息化教学设计的原则，掌握信息化教学设计的方法。第三，集多种角色、多重身份于一体。在信息化教学过程中，教师是教学内容的设计者，是学习活动的组织者和参与者，是学生学习的指导者。教师既是学生的导师，同时还可以成为学生学习生活中的朋友、同伴等。

3. 学生

（1）学习方式多样化。信息技术的出现，使得学生的学习行为和学习方式发生了变化，学生既能够通过课堂来接受教师的指导，同时还能够通过现代教育媒体来获得更多的教学信息资源。在现代教学媒体和信息技术的支持下，学生的学习方式从过去的被动接受转变为合作学习、自主学习、探究学习等信息化学习方式。

（2）较高的信息素养。在信息化地理教学中，学生应具备较高的信息素养，能够从大量的信息资源中找寻所需的信息，并对信息进行加工、整理、保存；能够使用常用的软件进行学习并与他人交流；学会反省、评价和监督自己的学习过程。

（3）集多种能力于一身。在信息时代，学生应具有自主学习能力，这主要包括以下几点：第一，对学习内容进行确定的能力；第二，获取相关资料和信息的能力；第三，对相关资料和信息进行利用与评价的能力。此外，学生还应学会与他人共事，具备合作与协作的能力，同时还要具有创新精神及创造能力。

（三）地理信息化教学与传统地理教学的差异

1. 高中地理教学手段的差异性

高中传统地理教学手段的媒体特征、讲授方式、表现形式、信息传递方式，分别为传统媒体、灌输式的讲授、单一化的表现形式、单向传递。而信息化地理教学手段的媒体特征、讲授方式、表现形式、信息传递方式，分别为多媒体、交互式指导、多样化的表现方式、双向或多向的信息传递。

2. 教学资源的差异性

传统的教学资源主要是以教室为主，以课堂教学为主要教学形式，教学材料主要是书本、教科书、挂图、教学器具、课件、教学电视等。而信息化教学资源为以信息技术的应用为特征，教学环境和教学形式多样化；现代媒体和学习工具参与教与学的全过程；网络信息对学习内容进行补充，如数字化素材、教学软件、补充材料等。

3. 教学模式的差异性

在教学模式方面，传统教学模式与信息化教学模式的差异主要体现在学生的地位、教师的地位、教学内容的主要来源、媒体的作用等方面，前者从各方面来说分别为被动接受知识，知识的灌输者，课本、教材、教师向学生传授知识的工具；后者则为主动构建知识，学习的指导者、帮助者，课本、教材、网络资源，教师“教”的工具、学生“学”的工具以及交互工具。

二、高中地理教学动画制作

（一）内容选择策略

第一，选择高中地理教学中的重难点内容。与文本、地图、景观图片、视频等地理教学素材相比，地理教学动画具有耗费时间长、投入精力多等特点。因此，在地理教学中对地理教学动画的使用要注意选择性和针对性，要将地理教学动画用于地理教学中的重点和难点部分，以有效突破地理教学的重难点。

第二，选择时空跨度大的地理内容。有些地理知识的学习需要在大的时空背景中进行学习。例如，地球的公转运动需要以太阳系作为空间背景，以一年作为时间背景进行教学；岩石圈物质的循环需要以整个地球作为空间背景，以成千上亿年作为时间背景进行教学；城市的内部空间结构需要以一个城市作为空间背景，以几十年或几百年作为时间背景进行教学。这些大尺度的地理知识很难在地理课堂这一有限的时空范围内进行直观的观察。动画具有打破时空约束的特点，能在大小、快慢中随意选择，可以将不同时空范围的地理知识融入一幅动画画面之中，为学生提供生动直观的展示。

第三，选择反映演变类地理知识的内容。地理事物演变的过程是一个随时间的推进而发生变化的过程。这些过程通常具有时间跨度大、复杂多变等特点，因此很难用语言、文字、静态图片等进行清晰、准确的描述和表现。而动画同样具有随时间变化而变化的特点，因此动画特别适合表现地理演变类知识，如农业和工业区位的形成过程、沉积岩的形成过程等。通过地理教学动画，学生能很好地把握地理演变类知识的时间变化脉络，加深对这些知识的理解程度。

总之，地理教学动画内容从总体上来讲是选择那些用语言难以说清、用文字表述抽象、用静态图片不能完整呈现、用直接观测难以进行的重点和难点知识。当然，这并不意味着其他的地理知识就不能采用教学动画的形式加以呈现，只是上述内容相比较而言更适合或更应该用动画进行表述。

（二）素材收集策略

第一，文本类素材收集策略。文本类地理素材是用文字的方式呈现的包含地理知识的教学资料。地理教材是文本类地理素材最重要和权威的来源。教师可以通过打字输入的方式将教材内容输入电脑中加以保存，也可以利用扫描仪等设备将教材内容转换为图片后利用相关软件的功能转换为可编辑的文字材料。除地理教材外，文本类地理素材的来源还包括地理类报纸杂志、互联网等渠道。教师可以将报纸杂志和互联网中包含地理知识的文字资料通过键盘输入、截图等方式保存到文档中，方便以后对其进行加工处理，以用于地理教学动画的制作或地理教学。

第二，声音类素材收集策略。声音类地理素材常用的有歌曲、音乐、事件类音效、解说语音等。其中事件类音效是指某些特定的事件发生时所发出的声音，如雷声、雨声、风声等。对于声音类素材的获取最常见也是最方便的方式是直接利用搜索引擎在网络中收集和下载，另一种方式是格式转换。具体来说是将一些视频中的某段声音，如某段音乐、事件音效等通过一些软件由视频格式转换成声音格式。此类格式转换软件常见的是格式工厂，它能实现视频格式与声音格式的相互转换。对于一些教学动画中需要的解说性质的语音，因为这些解说词通常会根据教师教学的需要进行编写，所以通过以上两个方式很难获取。它的获取方式是在编写好解说词之后利用某些软件进行声音的录制，最简单和最常用的是自带的录音机软件。这种声音获取方式需要有话筒等设备来实现自然语音和电脑识别声音的转换。

第三，视频类素材收集策略。视频类地理素材大多通过网络搜索和下载得到。这些原始视频的播放时间通常情况下是非常长的，而在地理教学动画中我们所需要的视频通常情况下不会超过五分钟，最常见的是一两分钟的小段视频。因此，教师需要对下载的视频进行必要的加工处理。常见的加工处理方式是依据教学动画的需要对视频进行截取和合并。常见的软件有会声会影，这是一款技术要求较低的视频编辑软件。上文提到的格式工厂也能实现视频的简单剪辑操作。具体来说是在转换格式的时候选择“裁剪片段”命令，在弹出的对话框中选择截取视频的起始时间和终止时间。

（三）动画呈现策略

地理教学动画中常用的动画呈现形式有闪烁动画、轨迹动画、旋转动画、形变动画。

第一，闪烁动画是指动画对象间歇性出现的动画，也就是说动画对象发生一现一隐的变化。闪烁动画能起到吸引学生注意的效果，在对重点内容或对象进行强调时经常会用到。例如，在黄赤交角的形成动画中常需要对黄道平面和赤道平面以及它们形成的交角进行强调，这时就可以利用闪烁动画对黄道平面、赤道平面以及构成黄赤交角的线段进行显、隐处理。

第二，轨迹动画是指动画对象沿特定的路线移动的动画形式。其对象移动的轨迹既可以是直线，也可以是任意曲线。在地理教学动画中，经典的轨迹动画是地球的公转动画：地球沿着近圆形的椭圆轨道绕日公转。

第三，旋转动画是动画对象在视觉效果上沿某个旋转中心进行周期移动的动画。需要注意的是，旋转动画是视觉效果上的旋转，不一定是严格意义上有一个旋转中心。例如，在制作地球自转三维效果的动画中，地球旋转效果的实现就是通过多种动画效果来实现的。

第四，形变动画中的“形”是指物体的外观，也就是说形变动画是动画对象的外观发生变化的动画，如正方形变为圆形、红色的长方形变为蓝色的长方形等。在地理教学动画中，形变动画常用来展示地理事物变化过程中事物外观发生的变化，这种外观的变化通常涉及两个方式：一种方式是物体的外在形状或线条发生改变，如在“水循环的过程”教学动画中，随着蒸发的增强，云朵变大或变厚；在“月相的变化”教学动画中月亮的圆缺变化等。另一种方式是物体的外观颜色发生改变。地理教学动画中箭头会利用其空间内部颜色的渐变来表示物体的运动。其中有代表性的是“城市风的形成”教学动画中用以表示城市与郊区间空气运动的箭头。

以上地理教学动画中常用的动画呈现形式各自具有适合的应用领域。地理教学动画的制作人员需要根据承载地理知识的环境和地理现象演变过程，确定动画发生的背景环境以及选取恰当的动画呈现形式来表现地理事物的产生和发展变化过程，如地球的自转和公转知识动画需要在宇宙太空环境抽象演示现实地球的自转和公转过程，城市风的形成动画需要在城市和郊区环境中演示城市风的形成过程，焚风效应动画需要在水体和山地环境中演示焚风效应产生的过程及影响等。

第三节　高中生地理核心素养培养

一、高中生地理核心素养

普通高中地理课程标准将“培养未来公民必备的地理素养”作为地理教学的重要目标。地理素养是指个人在学习地理的过程中，从地理视角出发，通过地理知识技能的积累、地理方法的掌握、地理情感态度与价值观的形成，分析和解决实际生活问题的内在涵养。

地理核心素养以学生核心素养为导向，以地理素养为基础，具有区别于其他学科的本质特色，不因时代和国界改变有所差别，帮助学生更好地适应当前和未来社会，促进学生终身发展和社会良性运行。通过对国内外文献的研究，笔者认为地理核心素养是学生在地理学习过程中，以知识、技能、情感、态度、品格和思维等为基础逐渐形成的具备适应社会发展需要、个人终身和全面发展所必需的关键能力和必备品格。从三个维度加以说明：首先，地理核心素养是所有学生在地理学习中都应具有的不可或缺的素养；其次，地理核心素养是地理知识与技能、能力与方法、情感态度与价值观的综合表现；最后，地理核心素养是学生在地理学习过程中逐渐形成并不断发展起来的。

二、高中生地理核心素养的特征

（一）综合性

地理学是一门兼顾自然科学与社会科学性质的综合性学科，其主要研究的是地理环境以及人类活动与地理环境之间的相互关系。其中，大气圈、水圈、岩石圈、生物圈等圈层是地球表层各种自然要素（地形、气候、水文、生物、土壤等）和人文要素（经济、政治、社会文化、人口、聚落、工业、交通等）组合而成的复杂系统。这是一个有机整体，每一要素都与其他要素相互联系、相互作用。地理学的综合特征决定了地理核心素养也应具有综合性。例如，高中地理必修3中的区域生态环境建设，包括以我国西北地区为例说明荒漠化的防治和以亚马孙热带雨林为例探讨我国森林的开发与保护。荒漠化问题是全球性问题，通过从人地关系角度分析荒漠化形成的自然因素和人为因素，让学生在分析地理成因时综合考虑地理环境和人类活动两个方面，培养学生的综合思维。以亚马孙热带雨林为例说明全球环境效应的显著联系，地理各要素之间牵一发而动全身，森林对全球大气的碳氧平衡、水循环和水平衡影响重大，从而让学生理解人类行为对生态环境保护的重要性，培养学生的环境意识、可持续发展观和社会责任感。

（二）发展性

可持续发展是地理学的指导思想。地理学与社会发展变革联系密切，地理核心素养也必然满足时代需求，体现动态发展的特性。地理核心素养的形成并不是一蹴而就的，任何一个教育阶段都不会终止地理核心素养的培养，这是一个长期反复、循序渐进的动态发展过程，可以说是波浪式的前进和螺旋式的上升。这一发展过程需要个体意志力的配合，也需要个人兴趣和学习动机等内在需求，以及学习方法和策略等外在因素的影响。地理核心素养的形成也是学生不断积累地理知识与技能，升华地理情感，树立科学价值观的过程。例如，高中地理必修2中，通过学习人地关系和可持续发展思想，学生逐渐增强社会责任感，树立正确的人地观念，领悟可持续发展的必要性。因此，地理核心素养是适应学生终身发展的开放系统，具有发展的特性。

（三）普遍性

在人的发展过程中，需要很多素养满足个人生活。只有将地理素养中核心的、具有普适意义的素养加以提取，才能让个体更好的应对未来社会发展的需要。地理核心素养的普遍价值在于，不只是适用于特定情境、特定人群，而是适应于任何情境、任何人群，并且具有一定的迁移价值。例如，高中地理课程中，学生通过学习人类与自然环境协调发展的过程，养成可持续发展的态度和社会责任感，并在日常生活中潜移默化地影响周围人的观念和行为，参与到保护自然、热爱家园、人地协调发展的行动中来，具备全球意识和家国情怀，为人们所生存的地球做些力所能及的事。

三、高中生地理核心素养的培养策略

（一）学校的培养策略

1. 营造地理核心素养环境

培养高中生的地理核心素养是漫长的、逐渐深化的过程，学校要重视地理学科，同时还要创设良好的培养环境。在基础设施建设方面，学校需建立多媒体教室、电子图书阅览室、地理实验室、校园气象站等设施。因为较好的硬件设施环境能为高中生地理核心素养的培养提供可操作的平台，所以学校既要保证硬件设备的数量和质量，又要定期对设备进行检查、维护和升级。在软件设施方面，学校应置备必要的地理教学用具，如各种地图、地球仪、模型、标本等，并在教室张贴中国地图和世界地图，在校园张贴本校地图和本市地图等。因为较好的软件设备既能提升地理教师的教学质量，又能使学生易于掌握新知，从而让学生在潜移默化中增强对地理学习的热情，最终提高他们的地理核心素养。在地理课时方面需要进一步的改善。增加地理课时的安排，给学生的一个深化素养的条件。从一些国家的学校在地理课时的安排上，可以看出其对地理的重视程度。我国的地理课时安排，相比之下就非常的少。所以需要多安排地理课时，整合好地理与其他科目的结构。

2. 开展野外考察活动

学好地理这门学科，进行实践是非常有必要的。所以说，学校需要组织学生到野外进行实践活动，让学生走出教室，走进大自然。在进行野外实践活动中，学生们可以把自己在地理课上学到的知识运用在实践中，在此过程中，提高自己运用地理知识的能力，深化对地理知识的理解，地理核心素养也得到了进一步的提升。在野外活动中，可以领略当地的风土人情，激发学生的好奇心，激发学生对地理的学习兴趣，并且还可以鼓励学生自主设计出行的路线，大家一起投票选择最合适的路线。在此过程之中，使得学生的地理核心素养得以提高。

3. 组织教师说课交流

说课就是教师之间相互分享自己对教学的设计。通过说课的环节，教师之间实现了知识的贯通，丰富了自己的见解。除此之外，对于培养学生的地理核心素养也是大有裨益的。对学生地理知识的深化、地理能力的提高等，都十分有帮助。所以，学校应该在固定的时间和地点组织教师进行说课。这时候，教师们坐在一起，对某一知识点的讲解方法、过程和活动的安排，发表自己的想法，进行一场头脑风暴。这无疑对培养学生的地理核心素养是非常有帮助的。

4. 加强听课管理

课堂在运作过程中，总会有教师预想不到的事情出现。就算是同样的知识点，对不同的授课对象，教师需要使用不同的方法，这就需要教师要有较高的教育机智。如果组织学科组内的教师相互听课，大家就可以学到对方是怎样处理的，学习对方的优点，不断地积累自己的经验。不同的学科之间也可以进行相互听课，虽然知识点不同，但是对于备课和上课时的思路，以及管理课堂的方法是可以相互借鉴的，这对于地理教师来说显得尤为重要。地理是一门综合性很强的学科，需要从不同的角度思考问题，地理教师可以多听不同学科教师的课，使自己不断地提高多角度考虑问题的能力，从而在地理课堂中，不断地培养学生从不同角度思考问题的能力，这对于培养学生的地理核心素养具有很大的帮助。

（二）教师的培养策略

1. 教师的自我提高

（1）不断更新教育理念。不断地学习最新的教育理念，对于一线教师提高自身的素养，提升教学的能力来说是十分重要的。所以教师们需要终身学习，利用身边一切可利用的资源提升自身修养。新课程改革需要教师正确地看待学生，要用发展的眼光看待学生，学生是正处于发展阶段的人，是存在许多不完美的人，教师需要正视这些不完美。学生的发展是有规律的，需要教师不断地探索学生的发展规律。学生的发展是需要成年人帮助和引导的，所以教师需要担负起这个责任来。在地理教学过程中，教师需要关心全体学生，不能落下任何一个学生。教师还需要认识到，学生的发展是全方位的发展，不是单纯的某一方面的发展，包括学生知识和整体的提升，也包括学生技能和能力的提高，还包括学生情感方面的体验。新课程改革还需要教师正确地对待知识，知识不是让学生进行记忆的一种东西，而是一种媒介，一种工具。学生可以借助这种工具和媒介去认识世界，去解决现实中遇到的问题。地理教师在地理课堂中联系实际，让学生感受到地理的实用性，做到学以致用。

根据新一轮课程改革的精神，在地理课堂中，教师需要努力做到以下几点。第一，创设民主氛围。良好的氛围是保持地理课堂教学有效进行的一个重要保障。这就需要教师在课堂中，用平等的观念来对待学生。尊重学生的尊严，尊重学生的观点，不断地鼓励、激励学生，并信任学生，善于发现学生的优点，夸奖、激励学生，依靠积极因素，克服消极因素，从而使学生处在民主、平等、轻松的学习氛围之中，更加愿意学习，提高学习的积极性和主动性。第二，引导和帮助学生。新课程提倡教师要做学生学习过程中的帮手和引路者。所以，在地理教学中教师要发挥自己的主导作用，以及把学生视作学习的主体，充分发挥其主动性，引导学生自主学习、小组合作学习，避免把地理课堂视作一个仅仅是师传生受的过程。在地理教育教学中不能把知识全盘托出式地展示给学生，而要把学生思考的空间预留出来。

（2）提高地理学科教学能力。地理教师教育教学能力包括以下几点：

第一，在上课的时候，能够熟练地使用各种地理图片，把图片的教学作用都发挥出来。这就需要教师能够自己在黑板上手绘图片，也能够用电脑做出适合教学使用的各种动态的图片。

第二，自己制作教具。在上课的时候会用到很多模拟地形的用具或者模拟一些地理过程的用具。这时候，教师可以自己动手制作既符合实际情况，又吸引学生注意的教具，这样一来就可以达到事半功倍的效果。

第三，野外实习。许多地理现象是学生在现实中很少见得到的，所以理解起来就有些困难。这时候就需要教师带领学生进入大自然中，进行野外的考察实践活动。

（3）加强新知识的储备。地理专家们正在不断进行地理研究，不断有新的进展。所以地理教师需要不断地学习，注意地理学有什么新的研究内容出现，并把这些新的东西进行适当的组织，以合适的方式展现在学生面前。现在经济高速发展，学生们能够接触到以往接触不到的信息。所以现在学生们的见识不比从前，不但是在智商方面，情商上也与以前大有不同，个体之间的差异也越来越大。所以，作为当代的一名教师，需要正确地认识到这一点，需要更加重视因材施教，满足不同学生的需要。就地理学科来说，人文地理的内容较自然地理来说更新的速度较快，所以，地理教师需要了解最新的人口、经济等情况，并经常引导学生就最新的热点问题运用地理学的视角进行讨论。在这种情况下，教师就需要做到以下几个方面：首先，对于地理新课程标准，需要深入研究；其次，要从不同的渠道获取信息，使自己的知识不能落后于当下新的进展；最后，研究新的教育教学方法，因此教师如果想要自己的知识不能落后，就需要不断学习和进行新的尝试。

2. 立足于地理教学

（1）建立融洽的师生关系。在心理学家看来，只有积极参与课堂教学，学生才能真正学到知识，提高能力；只有学生真正喜欢学习，才会达到良好的教学效果。所以，教师在地理课堂上需要把教材上的内容，以适当的形式进行组织，使得学生对这些知识感兴趣，怀着浓烈的好奇心去接触，这样才能使得地理课堂教学没有白费。

（2）激发学习兴趣。①强化学科认知。教师要想学生对地理有较强的学习兴趣，首先需要做到能完整的认识地理这门学科，正确的理解地理到底是一门怎么样的学科。作为地理教师，要让学生有更多的机会和时间去感受地理，让学生觉得地理这门学科是非常有用的，能在自己的生活中用到地理，只有这样学生才会积极主动地去学习。②创设情境。如果把学生放在真实的情况下，或者是教师设置的一个模拟的情境之中，学生会更加把当下学习的内容和自己的头脑中的东西联系在一起。在地理中，尤其是自然地理中，有一些过程或者现象是大家难以亲眼见到的，这时候，教师就可以在上课之前，或者上课期间，创设一定的情境，模拟一下这些现象或者过程，通过这一过程，学生就可以加深对所学知识的理解，真正的学会和掌握应用地理。

（三）家长的培养策略

与家庭教育相互结合的教育才是完整的教育。家长是孩子的第一任老师，对孩子的影响不言而喻。学生的成长，只有学校和教师不断地努力是远远不够的，只有家长们真正认识到怎样的教育才能培养出杰出的人才，怎样才能有利于孩子今后的发展，正确的教育才能落实到位。除了家长自己在改进教育方式之外，教师也可以与家长进行交流，把自己先进的教育思想传授给家长，让家长认识到地理的重要性。其次，与家长进行合作，一起监督学生的地理学习情况。把学生在校和在家的表现相互交流，一起督促学生完成学习。这样大家方向一致，共同朝同一个方向努力，必定会达到想要的效果。

（四）学生的自我培养策略

1. 在日常生活中提高地理核心素养

生活之中处处蕴含着地理的原理，地理可以帮助人们解决许多问题，在日常生活中的用途非常广。所以，在日常生活中，多多留意自己身边的事物，试着用自己所掌握的地理知识去解释，长此以往，学生的地理核心素养在不知不觉中就提升了。

2. 在合作学习中提高地理核心素养

在合作学习时，大家一起交流和探讨问题，在分工完成自己的任务的同时，相互合作，共同完成同一个任务。这个过程中，学生之间相互的交流，使自己的语言表达能力得到了提升。在团体中，大家共同完成任务，这对培养学生的群体意识以及合作精神都有巨大的作用。逐渐地，学生的地理核心素养也就形成了。

第四节　高中地理与微课

一、微课的概念

微课的全称是“微型网络视频课程”，是指运用信息技术在课程中把教学内容与教学目标有机地联系起来，以产生一种更加紧凑的学习体验。微课这一概念最早是由美国戴维·彭罗斯于2008年提出的，彭罗斯认为微课是记录教师在课堂教学过程中围绕某个知识点或教学环节而开展的教与学活动的全过程，他将微课定义为知识脉冲，认为只要是在相应的讨论与评价下，微课就能与传统的40到45分钟的教学课程达到相同的效果。目前，微课已经在我国多所高校中应用并逐步精细化。在实际教学中，这种基于多媒体形式的课程指导，不仅可以使学生更加多元化地接受学习信息，而且更加能体现出教师的教学信息化水平和掌控能力。

二、微课的特点

微课区别于传统教学中的教学资源，它是基于对多媒体和学科知识点而产生的网络课程资源，是为了克服传统教学资源的局限性而发展起来的，目的是使学习者能够进行自主学习从而获得最佳的学习效果，它是传统课堂学习的补充和拓展。微课在实际应用中具有以下特点。

（一）以在线视频为表现形式

微课主要以微型教学视频为主线，包含着与课堂知识相配套的学案、练习、课件、实验、点评、反馈等相关教学资源，并对其进行了“统整”，从而给学生提供了一个真实、开放的资源教学环境。微课提供的丰富资源，一方面可以使学生通过微视频学习，锻炼他们的思维能力；另一方面，教师也可以利用微课资源来提升自己的教学水平。学生在这种真实情境性的教学环境中更容易开展自己的思维能力，激发对学习的兴趣，提高对学习的热情，教师也能树立正确教学观念，提升自己的专业技能，从而达到风格的模仿、迁移和提升，促进自己的专业成长，提高学生学业水平。

（二）内容短小精悍

微课教学时长一般为5～8分钟为宜，最少的仅1～2分钟，最长不宜超过20分钟，相较于传统的课堂时间，更符合视觉停驻规律。微课的教学内容少，没有复杂的课程体系，只突出某个知识点和技能点，更适合教师的需要。同时微课资源规模小、容量较少，整个微课视频及配套辅助资源的总容量都不足百兆，师生可流畅地在线观摩课例，也能查看教学课件及教师点评信息等辅助资源，同时学生也能灵活方便地将这些资源下载保存到终端设备，从而实现移动学习和远程学习。

（三）教学目标单一，主体明确

一个微课的课程就一个主题，或者说一个微课的课程就只讲一个事，相较于传统的课堂教学资源而言，微课的设计、制作均是围绕其主题展开的，微课研究的问题来源于教学具体实践中的具体问题，或是生活思考，或是教学反思，或是难点突破的教学主题，内容更加精练，教学指向也更加明确。

（四）结构独立，容易补充

微课相较于传统的“教学资源包”概念，并不是多种资源的简单堆砌，它是将学科的知识点通过多媒体网络的形式进行结构化的有机组合，构建成一个网络化、开放化、情境化的源应用环境。同时，微课具有半结构化的开放性特点，受时间和地点等外部因素的影响较小，并且能够及时地修改和补充，随着互联网时代的高速发展，人们已经进入了一个高效性的社会环境中，微课的运用不仅仅是现在社会追求高效学习的产物，也是顺从现代化教育手段，促进教学改革的有力武器。

三、微课的应用及发展

如今，“微课”一词在一线教师中已经耳熟能详、深入人心。为了更好地学习基础课程，我国大部分学校都构建了微课教学平台，微课的应用在地理基础教学中起到了关键性的作用，它能够最大限度地调动学生的积极性，并且主要以学生独立解决问题为主，使所有层次的学生都能有所收获。同时微课还是传统课堂学习的一种重要补充和拓展，微课的内容可以永久保存，可以随时供学生查阅。微课的应用也促进了教师专业水平的发展，微课记录了教师成长的轨迹，教师可以通过自己制作的微课视频找到自己在教学中的不足，并且也可以传播到互联网上，从而不断地提高自己的教学专业水平和教学技能。微课的视频制作不仅仅能体现出教师的教学思维和教学设计，体现出教师的教学经验和教学智慧，更重要的是教师可以通过互联网微课互相分享各自的教学资源和智慧，这对教育的提升和发展有着重要而深远的意义。

随着互联网信息时代的快速发展，当前众多的聊天工具性软件（如Facebook、INS、微博、微信等）被广泛应用，微课在教育领域中同样也具有更大的发展空间。当今社会是一个高速发展的"快餐"社会，特别是对于现在的年轻人来说，在移动互联网的支持下，工作、生活、学习时时刻刻都在发生。就学习来说，已经不仅仅局限于教室，在地铁上、公交车上，哪怕是吃饭都有可能发生学习行为，这得益于互联网和微课。微课的魅力就在于它可以使学习者随时随地不需要很长的时间就能学会一个知识点，正是这种简便快捷的应用场景下，推动了微课的前进，也可以让其发挥出更大的价值。所以在地理教学中运用微课这种新的教学模式，能有效地提升学生的学习效率和促进教师专业水平的发展，这是时代的需要，也是教育与现代技术完美结合的体现。

四、高中地理教学中的微课制作

微课在高中地理教学中有很大的作用，要想制作出高水平的微课，下面的几个方面是必须要做到的。

（一）选取恰当的教学内容

在高中地理教学中，不是每节课或每个知识点都适合制作成微课。地理教师要根据学生的特点和某个专题的内容，对较为抽象的知识、重难点和疑点等，可利用时间短暂的微课来展示。高中地理必修1中知识内容抽象、理论性强，重难点和疑点比较多，非常适合利用微课进行教学。

（二）根据教学内容选取合适的微课形式

只有根据不同的教学内容选择合适的录制微课的教学形式，才能制作出高水平的和学生喜欢的微课。微课常见的教学形式主要有讲授型、启发型、问答型、演示型、实验型、自主学习型、讨论型等；常见的授课类型主要有分析推理课、常识课、技能课、复习课、练习课、讲评课等。

（三）根据学生的水平，分层次设计微课

不同学生的地理水平有很大差异，而微课可以根据不同知识内容、不同教学难度、不同学生认知特点设计多种形式的微课，以适应学生地理水平参差不齐的现状。例如，对学习地理自觉性不强、基础知识薄弱的学生，微课难度要小；对接受能力一般、学习地理比较自觉而且有上进心的学生，微课的难度可以稍大，留给他们思考的空间，以提高其能力和技能；对接受能力强，有好的地理学习习惯而且基础好的学生，微课难度要大，可以进一步提高这类学生学习地理的兴趣，增强钻研和探究地理问题的能力。

（四）创建完整精练的微课过程

第一，切入主题要快和准。微课的录制时间比较短，在设计微课时应采用合理的方法和途径，力求更快、更准确地切入要学习的主题，做到新颖、有趣，把控好节奏，把更多的时间分配给主题内容的讲解。

第二，要有鲜明的线索。微课的设计最好遵循一条主线，且要重点突出，语言简练。在讲述内容时，知识点的罗列要精而简，能高效利用材料。如讲“地方时”时，应引导学生围绕时间应用这一主线进行讲述和训练。

第三，要有精练的结尾。在微课的最后，进行小结是极有必要的，对要点的归纳和总结能够使学生掌握所学知识的关键点和知识体系。微课的时间有限，要求小结要短而精，起到画龙点睛的作用。

五、在高中地理教学中应用微课的意义

（一）微课可以有效地解决教学中内容多、学时少的问题

微课可以将知识点录制成一段视频，它可以培养高中学生自主学习的能力，使高中学生充分利用课余时间，从不同的渠道来获取学习的资源。

（二）微课可以减少高中学生之间学业水平的差异

微课可以将不同难度的知识点进行区分，并且可以将知识点分别进行课程设计和视频制作。微课还可以使高中学生根据自身的地理学习情况进行难易选择，这为高中学生满足个性化的学习需求提供了良好的条件，并且也提升了高中地理课程的定位。

（三）微课可以激发高中学生对地理课程的学习兴趣

微课通过新的教学方式强调了学生在地理课程中的主体地位，同时，也为教师在教学中增加了趣味性，很好地调动了学生的学习兴趣，提升了学生学习的主观能动性。

六、微课在高中地理教学中的价值和作用

（一）有利于学生自主构建知识体系和掌握知识

高中地理课堂的教学容量较大，每堂课都有一些重难点和疑点，课堂上学生很难深刻理解和把握全部内容。如果能在课内和课外制作一些短小精悍的微课，不但有利于学生掌握所学的知识，而且能使他们很快建立起相关内容的知识体系。时常5~8分钟的微课不但突出展示了某个知识点，而且还能使学生更深入地理解和掌握。例如，关于“黄赤交角”的微课，就能很好地帮助学生理解黄赤交角的形成及其意义。

（二）有利于展示多种资源融合的高中地理课堂教学

微课的核心就是微视频的录制，整合了微课件、微教案、微习题、微反思等，构造出了结合具体教学实际和教材内容，并与学生紧密结合的微教学资源环境。微课制作中通过电子白板、PPT、视频等多媒体手段的运用，可形成图文声融合的多彩的视频资源课堂。如在“极地地区”的教学中，可以用太阳运动的视频、科考图片等资源来展现极地地区的内容。

（三）有利于不同基础的学生灵活学习

传统的课堂教学是限制时间和地点的，而微课却有时间、空间和层次的灵活性等特点，只要学生能用一定的硬件播放微课，就能在任何时间和地点方便地进行学习。这就方便学生根据自身的特点对微课进行选择，以适合自己的认知特点和学业水平，对自己感到困惑或不甚理解和没有掌握的内容可以反复播放和观看，从而大大提高地理学习效果。

七、微课在高中地理教学运用中应注意的问题

（一）处理好知识性和趣味性的关系

趣味性强是微课的突出特点之一。微课设计制作时，既要采用一些图片、声音、视频等来引起学生的兴趣和注意力，又不能喧宾夺主，减弱了利用微课

进行知识教学的本来目的，要处理好知识性和趣味性的关系。

（二）处理好学生自主学习和教师指导的关系

学生学习的微课都是事先录制好的，学生在学习的过程中有很大的自主权，那么教师进行指导就成了难题。因此，在制作微课时，要注意平衡学生自主学习和教师指导二者之间的关系，要能根据学生的学习过程制定出不同形式的支架，以引导学生学习地理时的思维方式和思考方向。

总之，由于微课的特点和现代教学的需要，微课已逐渐成为教师和学生喜欢的教学方式，因此，在设计制作微课时要深入思考，以更好的表现形式把优质高效的微课展现给学生，从而提高高中地理课堂的教学效率。

八、微课在高中地理教学中的应用

在地理基础课中引入微课，可以将地理基础教学中的重点、难点作为微课内容，以短小简练的微课演示，变抽象为具体，突出地理基础课程中的主体内容，这样能够激发高中生的学习兴趣，从而使高中生更主动积极地参与到地理基础课程的学习中来。

（一）微课的制作

在高中地理基础课程中，由于高中生的学习状态、学习能力以及所掌握的知识量和积极性的不同，所以微课的制作必须以不同的差异为出发点，对高中生进行全面的提升。微课的制作必须保证简洁精练，保证每一个精短教学视频的有效性，切忌繁杂或者将课程分为多个知识点制作。微课的制作是需要教师通过一定的规划和资料收集的，教师在每次制作视频前，都必须对视频的相关制作进行学习，熟练地掌握制作软件。同时教师还要提前准备合适的教学资源，对微课中所要表达的知识点进行全面的了解，将知识点进行难易排序，然后有序制作。教师在制作视频时也要注意视频的质量，对课件进行不断的修改，要保证尽量以简单的形式呈现，避免与传统地理教学一样产生疲惫感。

（二）微课可以带动地理基础教学的模块化

教师在地理基础教学中引入微课，可以实现地理基础教学的模块化，使高中学生按照模块专题进行学习，在众多的课程知识中准确地把握地理基础的重点，从而一一突破。教师可以将地理基础教学中的相关知识点制作成短小精悍的微视频，组织学生模块化的学习与探讨，这样可以及时地反馈出学生的学习成果，深化学生对地理基础知识的认知。

（三）微课可以带来地理的巩固与拓展

在地理应用基础教学中，教材的编写一直都是坚持主题引导、任务驱动的方式，并且每个章节中都有对应的小任务，所以，教师在制作微课视频时可以以章节为中心，深化学生的学习，提升学生的综合能力，并在达成学生既定学习目标的基础上进行有效的拓展思考。例如，教师在讲解《人类活动与地理环境之间的相互关系》时，可以先对学生进行知识引导，在学生掌握该节知识后，制作一个微视频，让学生实操训练，拓展自己的学习方式，将多种动画综合到一个任务中。同时，教师可以借助微课，为学生学习地理基础知识拓展空间，使学生的能力得到显著的提升，在学习中学到新的知识。

（四）构建微课资源

由于地理基础课程的重点、难点知识比较多，并且地理课程又要求学生必须要有较强的理解能力，所以，传统的地理基础教学课堂已经不能满足学生的个性化学习需求，因此，学生课后的自主学习资源就显得尤为重要。由于微课视频都是有完整并且持续性知识点讲授的，所以，学生可以进行相互性的学习，假设不把微课的视频内容供学生课后使用，就会导致学生学习资源的极大浪费。因此，构建一个具有开放性的微课资源平台对于高中生学习地理基础知识是非常有必要的，不但能够帮助学生进行自主的课后学习，还能对学生起到一定的监督作用，并且还有利于教师对学生的课后指导。

第五章

高中地理教学的实践活动

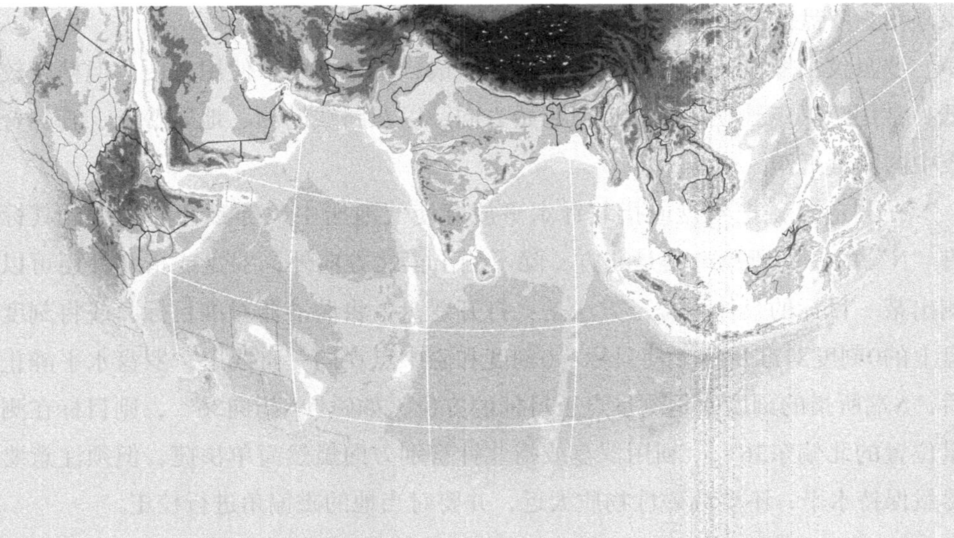

第一节　地理测量活动

一、校园平面图测绘

（一）辨别和测定方向

1. 用手表大致确定方向

在北半球野外，特别是在迷失方向和没有其他工具借用的时候，只要将手表水平放置，让时针正好指向太阳，则时针和12点时标刻度的夹角平分线的方向就是南方。另一种方法是以当时的时间即地方时（24小时制）除以2，再以除以2后的时标刻度对准太阳方向，这个时候的12点时标刻度所指的方向就是北方。

2. 用罗盘仪测定方向

罗盘仪是利用磁针确定方位的仪器，用以测定地面上直线的磁方位角或磁象限角。罗盘仪种类很多，但使用原理相近。

罗盘仪由罗盘盒、照准装置、磁针组成，构造简单，使用方便，但精度较低。常用于测定独立测区的近似起始方向，以及路线勘测、地质普查、森林普查中的测量工作。

在测量时，把罗盘或指北针水平放置使气泡居中，等磁针静止后，其标有“N”的一端所指的便是北方。除了测出正北方向外，罗盘或指北针还可以测出某一目标的具体方位。方法是：打开罗盘，将照准器对准目标，或将刻度盘上的0刻度对准目标，使目标、0刻度和磁中点在同一直线上，罗盘水平静止后，N端所指的刻度便是测量点至目标的方位，如磁针N指向36°，则目标在测量位置的北偏东36°。利用罗盘或指北针辨别方向虽然简单快捷，但须注意要尽量保持水平，不要离磁性物质太近，并要对当地的磁偏角进行校正。

（二）测量距离，估算两点间的距离

在校园里，如果两点间的距离相距较远，不能用一把尺测量？如何测量？

1. 分段测量法

测量相距较远的两点，用卷尺或绳子量，不能一次测量出结果，所以只能分段测量，但这样容易出现弯曲，测量的精度会受到影响。所以要测量相隔较远的两点间的距离，先要通过这两点测定一条直线，然后沿这条直线测量两点间的距离。

2. 拇指测距法

拇指测距法是利用相似三角形原理计算距离。具体的方法是：先平举右手的拇指，闭上一只眼，对准目标，然后拇指不动，再换另一只眼，这时候你发现目标会产生平移。估测出平移的距离，然后用公式进行计算：平移距离/两眼实际距离=实际距离/臂展（胳膊的长度），则实际距离=平移距离×（臂展÷两眼实际距离）。一般来说，臂展与两眼实际距离之比大约为1m：10m，即为10，所以，实际距离=平移距离×10。正确掌握拇指测距法后，测量结果误差较小，一般情况下，测量100m以内的距离误差在1m以内。

用两种方法测量学校足球场两端的距离（100m以上）。

（1）先确定操场两端的端点，设为A、B两点。

（2）让两位同学分别拿一根标杆站在A、B两点，让第三位同学把标杆插在A、B之间的C点上，使A、B、C在同一直线上。以同样的方法确定D点，然后分段测量距离，相加得到全长。

（3）一位同学站在A点水平端起右手臂，右手握拳，立起大拇指，用右眼（左眼闭）将大拇指的左边与站在B点的标杆重叠在一条直线上；右手臂和大拇指不动，闭上右眼，再用左眼观测大拇指左边，会发现这个边线离开标杆右边一段距离；估算这段距离，然后将这个距离乘以10。

（4）比较两种方法测量的距离。

（三）选择合适的比例尺并学会标注图例和注记

方向、比例尺和图例是地图三要素。要想画校园平面图，应先辨别实际方向和测量实地距离，然后确定地图方向、比例尺和图例，而注记是最后一个环节。

地图上所标示的地区，有的范围大，有的范围小；有的内容详细，有的内容简单。因此，绘制不同地图时，选用的比例尺大小就不一样。在地图上所画地区的范围越小，要标示的内容就越详细，选用的比例尺就应越大；反之，选用的比例尺应越小。

考虑到地图画好后还要留边，装上面框以及写图的名称和标明比例尺，因此比例尺要适当缩小些。

地图上标识方向有三种方法。小比例尺地图一般用经纬线来确定方向。经线指示南北方向，纬线指示东西方向。校园平面图属于大比例尺地图，一般用上北下南、左西右东来确定方向，有的也用指向标来确定方向。在地图上标识方向时，通常是在地图的右上角画个箭头图标，标记N（北）。

地图上的地面景物是采用各种各样的符号来表示的。除了符号，多数情况下还要附加必要的文字和数字注记。

（四）活动设计

1. 活动准备

手表、罗盘仪、绘图板、标杆、小红旗、绳子、卷尺、绘图纸、铅笔、橡皮等。

2. 活动过程

（1）摸清校园整体布局（建筑物的分布）。

（2）学生分组，每组各选一个区域，实地测量收集数据。

（3）汇总数据。

（4）确定地图比例尺。

（5）绘制地图，设计添加图例，设计搭配颜色。

3. 注意事项

（1）平面图方位：上北下南、左西右东。

（2）学校各个区域有文字注记，须显示名称，草坪和花坛统一用绿色，教学用楼（包括图书馆、体育馆、科学楼等）统一用红色，学生宿舍、家属楼用蓝色，标志性建筑用图标（自定）表示出来并附上文字注记。

（3）建筑物须标出入口与出口位置。

4. 活动评价方法

活动评价方法见表5–1。

表5-1　活动评价方法

	优秀	良好	需努力
绘制草图和交流表现	能按正确的步骤进行绘制；使用了统一的比例尺；地图数据计算准确；积极与其他小组交流，处理绘制时出现的问题	能基本按正确的步骤进行绘制；使用了统一的比例尺；地图大部分数据计算准确；不能较好地处理绘制时出现的问题	不知道绘制地图的正确步骤；比例尺与其他小组不统一，且不恰当；很多数据计算结果误差大；不和其他小组交流
地图定稿	数据准确；有方向标；有必要的图例和形象化的图标；颜色搭配和谐；画面整洁；整体表意清晰	数据基本准确；有方向标；缺少图例和形象化的图标，或图例和图标过多、过杂；颜色搭配基本合理；画面整洁；整体表意基本清楚	有些地方数据不够准确（包括方位和尺寸等）；地图要求不完备；颜色搭配较乱；画面不清楚，不整洁

二、简易山体海拔高度测量

（一）测定山体高度

通过两次三角函数的计算，就能在不用登上山顶的情况下，平地测量出山体高度。利用两次三角函数的正切，可以简单测得被测量山体的海拔高度。由于山体海拔高度一样，因此观测角度发生变化，正切的值亦发生变化。通过正切值的变化，可求出山体海拔高度。

（二）活动设计

1. 活动准备以及测量工具

（1）天气因素：由于山顶可能出现云雾对能见度有影响，需要考虑到季节以及时间因素。选择夏末秋初季节的晴朗午后时分测量比较适宜。

（2）场地选择：选择与测量山顶处于竖直平面且海拔高度相等的两块开阔、能看见山顶的平地。

（3）活动工具：携带高度仪或测高软件的智能手机、量角器、测距仪、科学计算器等。

（4）活动时间：9月22日或23日午后，视天气状况而定。

（5）参加人员：课外活动小组全员。

2. 活动过程

（1）先在A地用高度仪测量出A地海拔高度H'。用量角器测量A地与山顶T的角度，并做好记录。

（2）在B地确认B地海拔高度与A地相同，用量角器测量B地与山顶T的角度，并做好记录。

（3）测量A、B两地间的距离L。

（4）计算山体高度。

（5）计算山体海拔高度=H' +H

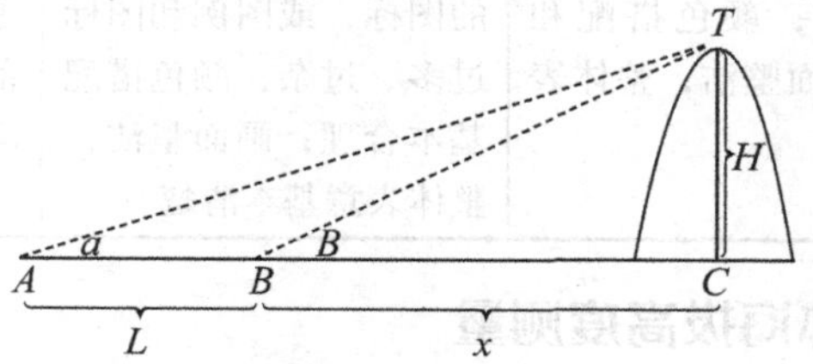

图5–1　山顶测量模式图

三、正午太阳高度测量

（一）正午太阳高度的计算

正午太阳高度就是一天内最大的太阳高度，即地方时刻12时的太阳高度。某地正午太阳高度的大小可以用下面的公式来计算：

$$H = 90^{\circ} - |\varphi - \delta|$$

其中H为当地当天正午太阳高度，φ为当地地理纬度，δ为当天太阳直射点纬度。利用该公式计算时还要注意φ和δ的正负号选取，当为北纬时取正号，为南纬时取负号。也可以这样计算：若直射点与所求地点同在南半球或者同在北半球，两点纬度差为大数（角度大）减小数（角度小）；若直射点与所求地点分属南北不同半球，两点纬度差为两纬度之和。

（二）活动设计

1. 活动准备

（1）天气方面：收听天气预报，选择至少有两个连续晴天的时段。

（2）场地选择：校内空旷平坦的地方——教学楼南面的空地。

（3）活动工具：铁架台（日影竿）、粉笔、带刻度三角板、细绳、手表。

（4）活动时间：秋分日前后连续两天上午第三节课后到下午第一节课前。

（5）参与人员：课外活动小组成员。

2. 活动过程

（1）秋分日及其前后，记下竿影两次与圆相交时的北京时间，并连接AB，作AB的垂直平分线OC。

（2）秋分日及其前后，当竹竿的影子与直线OC重合时，记下此时刻的北京时间，并测量此时竹竿影长（设长为L），具体见图5-2。

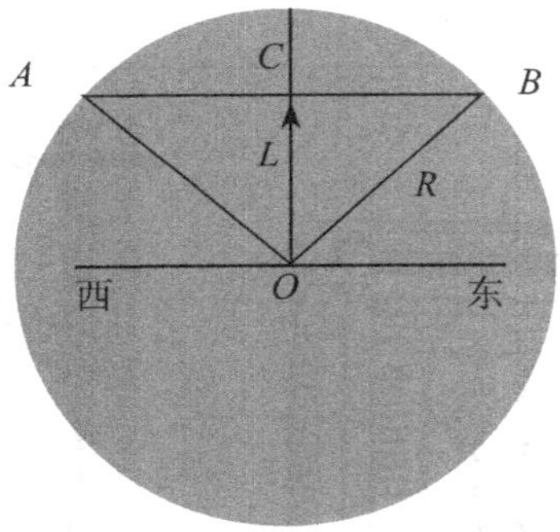

图5-2　秋分日前后竿影的测量模式图

活动过程中，由于各种因素的影响，会产生一定的误差。为了提高经度测算的精确度，学生可以采用以下方法。第一，加长日影竿，使误差的数值相对变得可以忽略不计。第二，以O点为中心，作几个半径不同的同心网，最后确定OC的位置时采用折中的点。第三，面同时尽可能做到规范、标准，标注在地面上的网周线要细而清晰。第四，选择走时更为精确的电子手表，计时落实到秒。第五，组织更多的活动小组，在不同的时段做以上实验，最后的结果取平均值。

四、气温与相对湿度测量

（一）基础知识

气温是衡量空气冷热程度的物理量。地面气温一般指距地面1.25 ~ 2.0m处的大气温度。测量时，为了防止太阳辐射对观测值的影响，测温仪器必须放在百叶箱或防辐射罩内，并且还要使测量元件有良好的通风条件。百叶箱的四边由两排薄的木板及叶组成，小板向内倾斜成45°角，箱底由三块小板组成，每块宽101mm，中间一块比边上两块稍高些，箱盖有两层，其间空气能自由流通。百叶箱应具有良好的反辐射能力，故内外均涂成白色，以减少辐射影响。百叶箱有大、小两种，大百叶箱是安装温度、湿度自测仪器的，小百叶箱是安装干球、湿球温度表和最高、最低温度表的。

（二）活动设计

1. 测量器材

小百叶箱（包括干球温度表、湿球温度表、最高温度表、最低温度表），具体见图5–3。

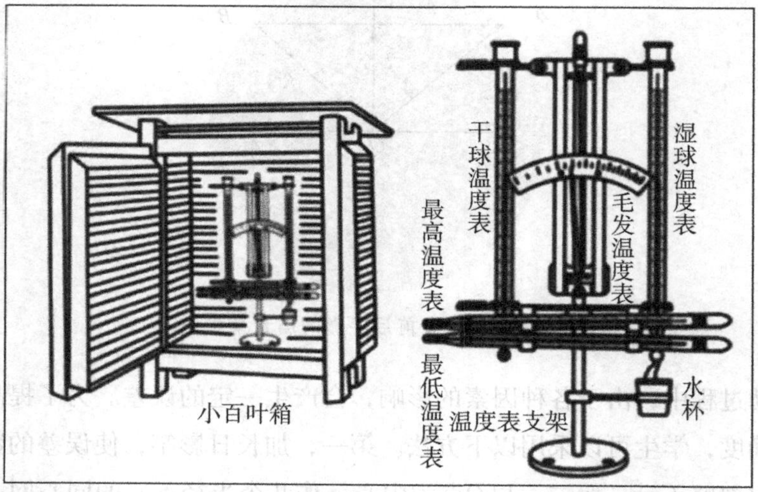

图5–3　小百叶箱

2. 测量过程

按规定时间（45分钟一次）首先读空气干球（即气温），后读湿球，记录之后再复读一次。然后读最高温度、最低温度，复读记录后，调整最高、最低温度表。

根据干球温度和湿球温度查温度换算手册得到该条件下的相对湿度。

观测注意事项：

（1）熟悉仪器的刻度，温度观测要求精确到0.1°。初次使用温度表时，应先了解其最小刻度单位。

（2）避免视差，以水银柱顶端附近的刻度线来校正视线。

（3）动作迅速。因温度表感应较灵敏，所以读数时动作要迅速，先读小数后读整数，同时注意勿使头、手和灯接近温度表球部，并尽量不要对着温度表呼吸。

（4）复读。复读是为了防止产生5° 或10° 的误差（有时也可能读错1° 或2° ）。

（5）放置最高温度表时，要先放球部，后放头部，以免水银上滑。

五、降水测量

（一）基础知识

降水量是指在一定时段内，从云中降落到水平地面上的液态或固态（经融化后）降水，在无渗透、蒸发、流失情况下积聚的水层深度，单位为毫米（mm）。在气象上通常用某一段时间内降水量的多少来划分降水强度。最常用的是按降水量的多少来划分降雨的等级。根据国家气象部门规定的降水量标准，降雨可分为小雨、中雨、大雨、暴雨、大暴雨和特大暴雨六种（见表5–2）。

表5–2　各类雨的降水量标准

种类	24小时降水量（mm）	12小时降水量（mm）
小雨	＜10.0	＜5.0
中雨	10.0～24.9	5.0～14.9
大雨	25.0～49.9	15.0～29.9
暴雨	50.0～99.9	30.0～69.9
大暴雨	100.0～249.0	70.0～139.9
特大暴雨	＞250.0	＞140.0

降水的成因很多，常见的有以下几种：

对流雨：大气对流运动引起的降水现象，习惯上称为对流雨。近地面层空气受热或高层空气强烈降温，促使低层空气上升，水汽冷却凝结，就会形成对流雨。对流雨来临前常有大风，大风可拔起直径50cm的大树，并伴有闪电和雷声，有时还下冰雹。

地形雨：气流沿山坡被迫抬升引起的降水现象，称地形雨。地形雨常发生在迎风坡。在暖湿气流过山时，如果大气处于不稳定状态，可以产生对流，形成积状云；如果气流过山时的上升运动同山坡前的热力对流结合在一起，积云就会发展成积雨云，形成对流性降水。在锋面移动过程中，如果其前进方向有山脉阻拦，锋面移动速度就会减慢，降水区域扩大，降水强度增强，降水时间延长，形成连续阴雨天气，可持续10～15天以上。

锋面雨：锋面活动时，暖湿气流在上升远程中因冷却凝结而引起的降水现象，称锋面雨。锋面常与气旋相伴而生，所以又把锋面雨称为气旋雨。锋面有系统性的云系，但并不是每一种云都能产生降水。

台风雨：台风活动带来的降水现象，称为台风雨。台风不但带来大风，而且相伴发生降水。台风云系有一定规律，台风中的降水在海洋上的分布也很有规律，但是在台风登陆后，由于地形摩擦作用，就不那么有规律了。例如，台风中有上升气流的整个涡旋区，都有降水存在，以上升运动最强的云墙区降水量最大，螺旋云带中降水量已经减少，有时也形成暴雨，台风眼区气流下沉，一般没有降水。

（二）活动设计

1. 测量器材

雨量器，它的外部是一个不漏水的铁筒，里面有盛水器、漏斗和储水瓶，另外还配有与储水瓶口径成比例的量杯，具体见图5-4。

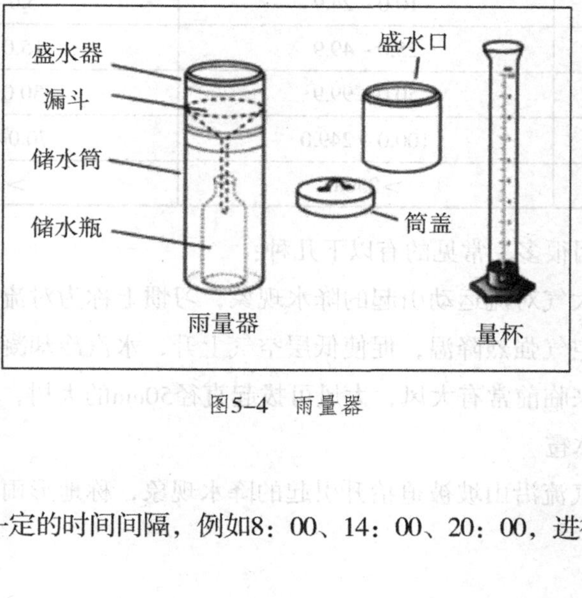

图5-4　雨量器

2. 测量过程

（1）选取一定的时间间隔，例如8：00、14：00、20：00，进行降水量测量。

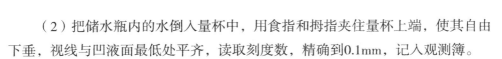

（2）把储水瓶内的水倒入量杯中，用食指和拇指夹住量杯上端，使其自由下垂，视线与凹液面最低处平齐，读取刻度数，精确到0.1mm，记入观测簿。

观测注意事项：

第一，如果没有专用量杯需用其他的量杯代替时，就必须进行换算。例如当雨量器半径为r，用普通量杯测出的储水瓶中降水的体积为V，则降水量R为：

$$R=V/\pi r^2$$

第二，在炎热干燥的天气，降水停止后要及时进行补充观测，以免蒸发过速，影响记录。

第二节　地理考察活动

一、岳麓山地质考察

（一）基础知识

地质构造主要有两种形态，一种是褶皱，一种是断层。

岩层在形成时，一般是水平的。岩层在构造运动的作用下，因受力而发生弯曲，一个弯曲称褶曲，如果发生的是一系列波状的弯曲变形，就叫褶皱。在褶皱中，岩层向上隆起的部分叫作背斜，岩层向下凹陷的部分叫作向斜。地形优势与地质构造基本一致，即形成背斜山和向斜谷。但在更多的情况下，是在背斜部位侵蚀成谷，而在向斜部位发育成山，即形成背斜谷和向斜山。这种地形与构造不相吻合的现象称地形倒置。

断层是构造运动中广泛发育的构造形态，它大小不一、规模不等，小的不足一米，大的有数百、上千千米。不管大小，它都破坏了岩层的连续性和完整性。在断层带上往往岩石破碎，易被风化侵蚀。沿断层线常常发育为沟谷，有时出现泉或湖泊。

是什么力量导致岩层断裂错位？原来是地壳运动中产生的强大的压力和张力，超过岩层本身的强度而对岩石产生破坏作用。岩层断裂错开的面称断层面。两条断层中间的岩块相对上升，两侧岩块相对下降时，相对上升的岩块叫地垒，常常形成块状山地，如我国的庐山、泰山等。而两条断层中间的岩块相对下降，两侧岩块相对上升时，形成地堑，即狭长的凹陷地带。我国的汾河平原和渭河谷地都是地堑。

（二）活动设计

1. 考察工具

小锤、纸、铅笔、照相机。

2. 考察路线

从湖南师大七十三军抗战阵亡将士墓开始，一直到爱晚亭附近。

3. 考察内容

（1）从七十三军抗战阵亡将士墓往上走不远有一处褶皱，位置为（28° 11′ 32.0″ N，112° 56′ 13.7″ 4E）、海拔约129m。对其进行观察并画图分析岩层新老。

（2）爱晚亭向上，有一处褶皱，既有背斜，也有向斜。对其进行观察并画图分析褶曲类型。

（3）在爱晚亭附近，有一处背斜形成的峡谷——清风峡，画图分析其成因及岩层新老。

（4）从白鹤泉至爱晚亭一线为一横向断裂带，发育成谷地，地下水沿断层汇向低谷，进而形成白鹤、青枫诸名泉。仔细观察并画图。

二、河流地貌考察

（一）基础知识

河流地貌，是河流作用于地球表面，经侵蚀、搬运和堆积过程所形成的各种侵蚀、堆积地貌的总称。按照成因，一般分为侵蚀地貌和堆积地貌。

1. 侵蚀地貌

侵蚀地貌分为下蚀（侵蚀河床）、侧蚀（侵蚀阶地、谷地）和溯源侵蚀（侵蚀谷坡，向河源方向延伸）。

下蚀一般在上游最突出，原因是河流的上游多为山区，落差较大，河流速度快，因此下蚀严重。

侧蚀在中下游最突出，中下游落差较小，水流减慢，因此侧蚀严重。

溯源侵蚀的根本原因在于下蚀，因此在河流的源头出现。

2. 堆积地貌

堆积地貌分为洪积—冲积平原、河漫滩（平原）、河口三角洲、堆积阶地等。

（1）洪积—冲积平原发育于山前。在山区，由于地势陡峭，洪水期水流速度较快，携带大量泥沙和砾石。水流流出山口时，由于地势突然趋于平缓，河道变得开阔，水流速度减慢，河流搬运的物质逐渐沉积下来，形成扇状堆积地貌，称为洪（冲）积扇地貌。洪（冲）积扇不断扩大而彼此相连，就形成洪积—冲积平原。

（2）河漫滩（平原）。在中下游地区，河流在凸岸堆积，形成水下堆积体。堆积体的厚度和面积不断升高和扩大，在枯水季节露出水面，形成河漫滩，洪水季节被水淹没继续堆积。如果河流改道或向下侵蚀，河漫滩被废弃。多个被废弃的河漫滩连接在一起就形成河漫滩平原。

（3）三角洲。当携带大量泥沙的河流进入海洋时，入海口水下坡度平缓，加上海水的顶托作用，河水流速减慢，河流所携带的泥沙会沉积在河口，形成三角洲。

（二）活动设计

1. 考察对象

（1）考察家乡的河流地貌。

（2）以某几个河段为考察对象。

2. 考察任务

（1）拍摄典型的河流地貌照片（如沙洲堆积地貌，凹岸、凸岸侵蚀堆积地貌等）。

（2）以绘图的形式记录河流地貌的简略示意图（平面图或剖面图）。

（3）以考察到的资料写一篇考察报告，录入自己考察的图片和文字，对考察对象进行解释和分析，并得出结论。

三、河流水文考察

（一）基础知识

水文特征包括如下几点。

1. 径流量（径流量的大小和径流量的季节、年际变化）

径流量在水文上有时指流量，有时指径流总量，即一定时段内通过河流某一断面的水量。一个年度内通过河流某断面的水量称为该断面以上流域的年径流量。天然河流的水量经常在变化，各年的径流量也有大有小，实测各年径流量的平均值称为多年平均径流量。如果统计的实测资料年数增加到无限大时，多年平均径流量将趋于一个稳定的数值，此称为正常年径流量。正常年径流量是年径流量总体的平均值，也是多年平均径流量的代表值。

2. 含沙量

含沙量一般是单位体积的浑水中所含的干沙的质量。

3. 有无汛期

汛期是指河水在一年中有规律的显著上涨的时期。凌汛，俗称冰排，是冰凌对水流产生阻力而引起的江河水位明显上涨的水文现象。冰凌有时可以聚集成冰塞或冰坝，造成水位大幅度地抬高，最终造成漫滩或决堤，称为凌洪。

4. 有无结冰期

河流、湖泊等水体从结冰开始到结束的过程称为结冰期。

5. 水能资源是否丰富

水能资源指水体的动能、势能和压力能等能量资源。水能资源是否丰富的判断标准是落差、径流量。

6. 流速

河流流速是指水体在单位时间内流过的距离。流速沿深度的分布称为垂线流速分布。正常情况下最大流速分布在水面以下0.1～0.3m水深处，平均流速一般相当于0.6m水深处的流速。如果河面封冻则最大流速下移。河流横断面上，流速分布一般都是由河底向水面、由两岸向河心逐渐增大，若河面封冻则较大的流速常出现在断面中部。

7. 补给类型

河流补给有雨水、冰雪融水、湖水、沼泽水和地下水补给等多种形式，但其最终的来源是降水。多数河流不是单纯由一种形式补给，而是多种形式的混合补给。

8. 水位

水位是河流、湖泊、海洋及水库等水体的自由水面离固定基面的高程，以米计。

基面有两种，一种为绝对基面，它是以某河河口平均海平面为零点，例如，长江流域的吴淞基面等。为使不同河流的水位可以对比，目前全国统一采用青岛基（即黄海基面）。另一种为测站基面，指从测站最枯水位以下0.5～1m作为起算零点的基面，它便于测站日常记录。影响水位变化的主要因素是水量，此外还受河道冲淤、风、潮汐、支流顶托和人类活动等的影响。

（1）洪水的概念。大量降水和积雪融水在短时间内汇入河槽，形成特大的径流称为洪水。每当暴雨形成洪水时河流水量猛增，往往超过河网正常的宣泄能力，导致洪涝灾害。我国各个河流均有洪涝灾害的记载，如1975年8月河南的75·8大暴雨所造成的特大洪水是历史上罕见的。洪涝灾害威胁着人们的生命和财产安全，因此研究洪水的形成和运动规律对抗洪防洪是非常重要的。

（2）洪水的影响因素。洪水的影响因素主要为天气和下垫面两个方面。①天气因素。降雨是由于大气中的水汽经冷却而凝结的结果，气流的垂直上升运动是导致冷却的主要原因。大气中的水汽和大气的垂直上升运动是形成降水的两个不可缺少的条件。例如，梅雨期的气旋波动、台风等就为降水提供了上述两个条件，这样的天气系统在一定的地区出现就可能形成暴雨进而形成洪水。②流域的下垫面因素。如前所述，地形的起伏影响气流运动，热气团在运动过程中如遇到起伏的高山峻岭就沿山坡爬升，形成地形雨。例如，河南75·8暴雨主要出现在伏牛山脉的东路，在山脉的迎风坡一侧的板桥水库处于三面环山、口朝东的马蹄形中，暴雨中心在山口徘徊少动，加上天气因素的配合，大气中的巨大潜能遇到这种地形，会集中在这里并把能量释放出来造成特大暴雨。流域面积及形状、土壤性质及植被等因素对洪水过程线的影响也很显著。

（3）枯水的概念。枯水是河流断面上较小流量的总称，枯水经历的时间为枯水期。若月平均水量占全年水量的比例小于5%则此月属于枯水期。

（4）枯水的影响。枯水对国民经济有很大的影响。枯水季节河道水浅，影响航行；水位低影响水电站发电；流量小使农业灌溉、工业及城市供水也受影响。

（二）活动设计

1. 考察对象

以湘江为考察对象，对湘江某河段进行水文考察。

2. 考察目的

了解湘江的水文特征；学会考察水文的一般方法；巩固河流水文知识。

3. 考察内容

完成下表（见表5–3）。

表5–3　水文考察记录表

<table>
<tr><td colspan="2">小组</td><td>第__组</td><td>主要填表人</td><td></td></tr>
<tr><td colspan="5"></td></tr>
<tr><td colspan="5">基本情况</td></tr>
<tr><td colspan="2">调查河段标识</td><td colspan="3">地理区位：______干流______段______河（支流______河）</td></tr>
<tr><td colspan="2"></td><td colspan="3">行政区位：______市（县、区）______镇（乡）______村</td></tr>
<tr><td colspan="2">调查时间</td><td colspan="3">______年______月______日______时______分到______时______分</td></tr>
<tr><td rowspan="6">气象</td><td rowspan="3">天气状况</td><td colspan="3">天气：晴、少云、多云、阴、小雨、中雨、大雨、暴雨……</td></tr>
<tr><td colspan="3">感觉：炙热（干）、闷热（湿）、舒适、凉爽、寒冷</td></tr>
<tr><td>气温
___℃ ___℃ ___℃</td><td>风向：__________
______________</td><td>风力：无、微、小、较大、大……</td></tr>
<tr><td rowspan="2">此前三天内特殊天气</td><td colspan="3">时段：______年______月______日——______年______月______日</td></tr>
<tr><td colspan="3">阴、零星雨、小雨、阵雨、雷阵雨、中雨、大雨、暴雨……</td></tr>
<tr><td>汛期情况</td><td colspan="3">是、否（南方汛期4—9月）</td></tr>
<tr><td colspan="5">简单描述</td></tr>
<tr><td colspan="2" rowspan="5">考察地周边环境</td><td rowspan="3">位置形态</td><td colspan="2">乡村、村郊、市区、市郊、其他</td></tr>
<tr><td colspan="2">距离最近人类居住区的距离（估计）：</td></tr>
<tr><td colspan="2">距离最近企业的距离（估计）：</td></tr>
<tr><td>地形</td><td colspan="2">山区、丘陵地、平原、盆地、其他</td></tr>
<tr><td>河川及河流形态</td><td colspan="2">天然河流：（维持原始天然河道断面、其他描述、低度治理）
河川：（人工断面、有未特别加高之土堤、土石、水泥加强护岸、其他）
高度整治河川：（人工断面、有特别加高之土堤、强化护岸、钢筋块凝堤防、其他）</td></tr>
<tr><td colspan="2" rowspan="3">物理特性</td><td rowspan="3">整体外观</td><td colspan="2">气味：无明显气味、有点臭味道、有明显腐臭味、呛鼻臭味、其他</td></tr>
<tr><td colspan="2">河床质地：黑色腐泥、淤泥、细泥沙、小砾石、卵石、粗沙石、大石块、其他</td></tr>
<tr><td colspan="2">河床颜色：土黄色、绿色（绿苔）、黑色、无法看到、其他描述</td></tr>
</table>

续表

<table>
<tr><td colspan="4">简单描述</td></tr>
<tr><td rowspan="10">物理特性</td><td rowspan="4">整体外观</td><td rowspan="2">河水透光观察</td><td>颜色：无色、绿色、蓝色、土黄色、暗褐色、其他描述</td></tr>
<tr><td>透光度（置于透明塑料袋中）：清澈、微浊、浑浊、其他描述</td></tr>
<tr><td colspan="2">水量：很大、较大、一般、较小、很小</td></tr>
<tr><td colspan="2">其他描述：</td></tr>
<tr><td rowspan="4">水文条件</td><td>水温：______℃</td><td>pH：（pH试纸粗略测定；多水层、多次数测量取均值）</td></tr>
<tr><td>河宽：约______米</td><td>水深：约______米</td></tr>
<tr><td colspan="2">流速：（用固定距离水表流动速度测得）</td></tr>
<tr><td colspan="2">流量：$Q=(b-h)hv$（h为河深，v为流速，b为河宽）</td></tr>
<tr><td rowspan="2">水体利用及污染状况</td><td>水体类型</td><td>天然水、饮用水、生活用水、农业用水、工业用水、污水（完全污染）</td></tr>
<tr><td>水污染类型</td><td>生活污水、农业污水、工业污水、特殊行业污水</td></tr>
<tr><td rowspan="2">植被特征</td><td>河道内的植被</td><td colspan="2">（种类、数量、面积、株高、生长状况等的描述）</td></tr>
<tr><td>河流旁边的植物</td><td colspan="2">（种类、数量、面积、株高、生长状况等的描述）</td></tr>
</table>

第三节　地理实验活动

一、沿地表水平运动物体的偏向实验

（一）基础知识

受地球自转的影响，在地表沿水平方向运动的物体，其运动方向有发生偏转的现象。北半球向其运动方向的右侧偏转；南半球向其运动方向的左侧偏转；沿赤道运动的物体，其运动方向不发生偏转。为了研究的方便，科学家假定有一个力作用在水平运动的物体上，使其运动方向发生偏转，这个力我们称之为地转偏向力，也称科氏力。

由牛顿运动定律可知，任何物体在运动时都有惯性，总是力图保持原来的方向和速度。如图5-5所示，在北半球，质点向北沿经线取A_1B_1方向做水平运动，经过一定时间后，经线L_1随地球自转转至L_2的位置。沿经线方向运动的质点，由于惯性，必然保持原来的方向和速度，取A_2B_2的方向前进。这时，在经线L_2位置上的人看来，运动质点已经离开经线方向而向右偏了。同样的道理，在图上L_1的位置时沿C_1D_1方向（沿纬线方向）做水平运动的质点，经过一定时间后，随着地球自转，L_1转至L_2的位置时，则质点取C_2D_2方向前进。由此可见，北半球做水平运动的物体，由于受地转偏向力的作用而向右偏。

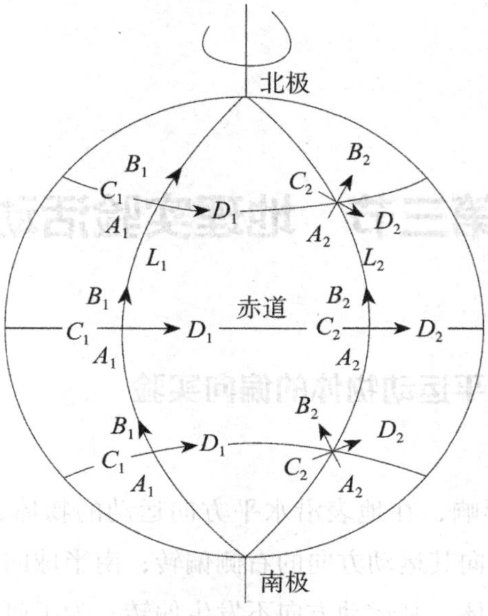

图5-5　沿地表水平运动物体的偏向实验模式图

在地理环境中，受地转偏向力的作用影响的实例很多。例如，在北半球，河流右岸冲刷显著，河床深，河港一般分布在右岸，南半球则反之。又如，京广线的火车自北京向广州急驶时，受北半球向右偏的地转偏向力的影响，西侧的铁轨更容易被磨损。行星风系、洋流的流向也受地转偏向力的影响。在北半球，当空气向低压中心辐合时会向右弯曲，形成一个逆时针方向的旋转气流；从高压中心辐散出来的空气，则因为向右弯曲而形成了顺时针方向的旋风。我们把逆时针旋转的叫作气旋，把顺时针旋转的叫作反气旋。在南半球，上述的情形方向正好相反。

地球表面水平运动物体偏向效应在极地最显著，向赤道方向逐渐减弱直到消失在赤道处。这就是为什么台风只能在纬度5° 以上的地区形成。发射火箭、航天器、导弹时，也必须考虑地球自转引起的偏转状况，以提高精确度。在第一次世界大战期间，德军用他们引以为豪的射程为113km的大炮轰击巴黎时，懊恼地发现炮弹总是向右偏离目标。在那时，他们从没考虑过地转偏向力产生的影响，因为他们从没有这样远距离开过火。

（二）活动设计

1. 实验材料

雨伞（伞面略微能吸水）、红墨水（浓度适中）或适当浓度的牛奶乳。

2. 实验原理

地球自转产生地转偏向力，导致沿地表水平运动的物体的方向发生偏转。

3. 实验步骤

（1）将雨伞伞尖代表北极点朝上，在雨伞外侧的伞尖滴下适量的红墨水。

（2）模拟地球自转方向（以北极点为中心，逆时针方向），进行旋转。

（3）观察并描述红墨水流痕的偏转方向特征。

（4）再将雨伞伞尖代表南极点朝下，模拟地球自转方向（逆时针）旋转，在雨伞内侧的伞尖滴下适量的红墨水，观察并描述墨水流痕的偏转方向特征。

二、太阳直射点回归运动及其影响的演示实验

（一）基础知识

地球公转就是地球按一定轨道围绕太阳转动。地球在公转过程中，所经过的路线上的每一点都在同一个平面上，而且构成一个封闭曲线。这种地球在公转过程中所走的封闭曲线，叫作地球公转轨道；公转轨道所在的平面，叫作黄道平面。地球在公转的同时也在自转，而且地球公转过程中地球自转轴的空间指向始终不变。地球的自转同它的公转之间的这种空间关系，天文学和地理学上通常用赤道面与轨道面的交角来表示，称为黄赤交角。

黄赤交角的存在决定了在地球围绕太阳公转的过程中，太阳光线照射到地球表面发生一系列的有规律的变化，我们将这些规律称为地球公转的地理影响，其中最直接的影响是太阳直射点在南北回归线之间有规律地往返移动。随着地球的公转，太阳直射点每年移动到地球最北的纬线就会发生向南往返，人们将这条最北的纬线称为北回归线，同样地球上也存在南回归线。由于太阳直射点的回归往返运动，地球表面产生了昼夜长短和正午太阳高度角的地区差异和季节变化。

（二）活动设计

1. 地球公转运动与太阳直射点的回归运动

（1）实验材料：地球仪、彩带3条（2条白色的、1条粉色的）、钢钉1枚、

黑笔1支、纸管2根、饮料瓶1个。

（2）实验步骤：

① 用3条彩带在地球仪上标出3条重要的纬线（粉色的固定在赤道上；2条白色的分别固定在南北回归线上）。

② 把2根纸管呈十字放置，用钢钉固定，使其可以任意旋转上面一根纸管，并在其一端插入黑笔，且笔头露在纸管之外。

③ 用空饮料瓶作为太阳光底座。把固定好的十字纸管下面的一根纸管插入饮料瓶中。这样就构成了一个太阳光线的支架。高度根据地球仪的高度而定。

④ 将已固定的支架移动到地球仪旁边，使黑笔与地球仪有一个触点。移动地球仪与支架的位置，得到重要的点——二分二至点。

⑤ 在北回归线上标注一点，这点作为地球绕太阳公转运动的起始点，太阳光线直射北回归线，此时是北半球的夏至日。

⑥ 地球围绕太阳自西向东公转，当到达某一位置时，太阳光直射赤道，此时是北半球的秋分日，并且我们会在地球仪上清楚地看到一条黑色的曲线，即太阳直射点的回归运动轨迹（从北回归线到赤道）。

⑦ 地球围绕太阳继续自西向东公转，当到达另一位置时，太阳光直射南回归线，此时是北半球的冬至日，并且我们会看到黑色曲线由赤道移到了南回归线，即太阳直射点的回归运动轨迹从赤道移动到了南回归线。

⑧ 地球围绕太阳继续自西向东公转，当到达某一位置时，太阳光直射赤道，此时是北半球的春分日，并且我们会看到黑色曲线由南回归线移到了赤道，即太阳直射点的回归运动轨迹从南回归线移动到了赤道。

⑨ 地球围绕太阳继续自西向东公转，当到达⑤中的初始位置时，太阳光线直射北回归线，此时是北半球的夏至日，并且我们会看到黑色曲线由赤道到了北回归线，即太阳直射点的回归运动轨迹从赤道到了北回归线。这样太阳就完成了一个回归运动。

（3）注意事项：

① 演示过程中，尽量保证地球仪围绕饮料瓶（代表太阳位置）做接近椭圆的正圆的圆周运动，可以利用讲台面，并且事先画好轨道。

② 地球围绕太阳公转方向为自西向东，和自转方向保持一致。

③ 代表太阳直射光线的纸管尽可能保持水平，并且和地球仪的中心在同

一高度。

④ 演示太阳光线直射地球的二分二至点的位置略有误差，笔芯在地球仪上画出的太阳直射点的回归运动轨迹不是很标准。

2. 太阳直射点的回归运动与昼夜长短的变化

（1）实验材料：在一张圆形硬纸上画上赤道、南北回归线、南北极圈，将一张黑卡纸剪成半圆形代表黑夜，覆盖在底盘。

（2）实验步骤：

① 牵动底盘，演示太阳直射点不断南北移动，导致晨昏圈的摆动（太阳光线与晨昏线始终保持垂直关系），晨昏圈切割纬线，造成昼弧和夜弧长短发生变化。

② 重点演示春分日、秋分日、夏至日和冬至日晨昏圈的位置关系。

三、热力环流实验

（一）基础知识

热力环流是由于地面冷热不均而形成的空气环流，它是大气运动的一种最简单的形式。如果地面受热多，近地面空气膨胀上升，导致近地面的空气密度减小，形成低气压；上升的空气到上空聚集起来，使上空的空气密度增大，形成高气压。如果地面受热少，空气冷却收缩下沉，上空的空气密度减小，形成低气压；因为有下沉气流，近地面的空气密度增大，形成高气压。就同一水平面而言，气流总是由高压流向低压。这样，这些空气的水平运动和垂直运动，就构成了简单的热力环流圈。冷热差异导致了空气的垂直运动，使水平方向出现了气压差，引起水平气流的运动。

（二）活动设计

1. 实验材料

略大一点的废弃包装纸盒、蚊香（或香烟）、火柴或打火机、冰块若干。

2. 实验步骤

（1）将略大（如50cm × 40cm × 20cm）的废弃包装纸盒正面去掉，留下其他5个面，横放在桌上，让盒子开口的那面正对观察者。

（2）关上门和窗，在纸盒内一端放入点燃的蚊香（或香烟），另一端放上冰块，如图5-6所示。

（3）观察蚊香烟雾的运动。

（4）用自己的语言描述热力环流的形成过程和原因。

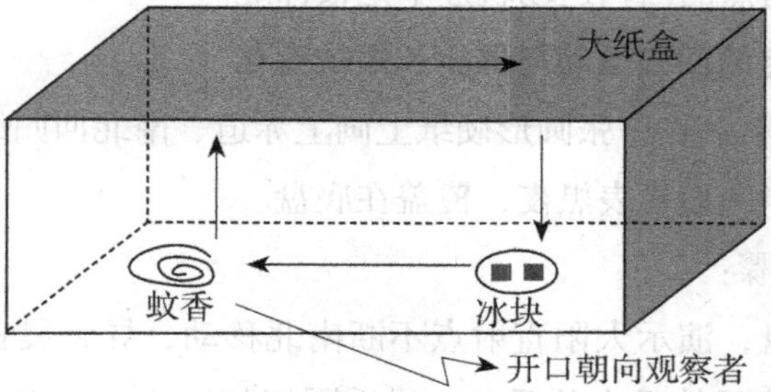

图5-6　实验装置示意图

3. 注意事项

（1）关键是要避免室内风的干扰，故要关上门和窗。

（2）注意防火。

四、洋流模拟实验

（一）基础知识

洋流亦称海流，是具有相对稳定流速和流向的大规模海水运动。按成因可以分为以下几类。

1. 风海流

在盛行风吹拂下，表层海水沿着一定方向做大规模的流动，这样形成的洋流称为风海流（世界上的洋流大多数是风海流）。

2. 密度流

不同的海域因海水的温度和盐度不同，导致海水密度分布不均，引起海水的流动，称为密度流。

3. 补偿流

由风力和密度差异，使海水流出的海区海平面降低，相邻海区的海水流过来进行补充，这样形成的洋流叫作补偿流。补偿流有水平的，也有垂直的。垂直补偿流又分为上升流和下降流。例如，秘鲁附近的海区存在明显上升流。

（二）活动设计

1. 风海流的形成

（1）实验材料：碗（每组1个）、水、吸管（每组1根）、油。

（2）实验步骤：

① 分发实验材料，在碗中注入适量的水和油，注意油的量切忌过多。

② 指导学生利用吸管贴着碗的一边均匀而缓慢的吹气（模拟风），吸管应当尽量保持与水面呈较小角度。

③ 观察表面水体（主要是油）形成的环流。

2. 密度流的形成

（1）实验材料：小玻璃箱（或大盆）、大瓶子或烧杯、食盐、蓝墨水。

（2）实验步骤：

① 将小玻璃箱放在桌子上，并将一边垫高5cm。

② 在小玻璃箱中放入自来水至2/3处。

③ 取一个容器，倒入自来水，并加入大量食盐搅拌溶解（模拟海水）。

④ 将几滴蓝墨水倒进装有盐水的容器中，搅拌混合。

⑤ 慢慢地将有颜色的盐水倒入装有自来水的小玻璃箱中。观察蓝色的水是怎样在小玻璃箱底部流淌，像密度流一样运动的。确定是否能够观察到较轻的自来水在较重的盐水顶部。

五、水土流失模拟实验

（一）基础知识

水土流失是指“在水力、重力、风力等外力作用下，水土资源和土地生产力的破坏和损失，包括土地表层侵蚀和水土损失，亦称水土损失”。

根据产生水土流失的“动力”，分布最广泛的水土流失有水力侵蚀、重力侵蚀和风力侵蚀三种类型。

水力侵蚀分布最广泛，在山区、丘陵区和一切有坡度的地面，暴雨时都会产生水力侵蚀。它的特点是以地面的水为动力冲走土壤，如黄河流域。

重力侵蚀主要分布在山区、丘陵区的沟壑和陡坡上，在陡坡和沟的两岸沟壁，其中一部分下部被水流淘空，由于土壤及其成土母质自身的重力作用，不能继续保留在原来的位置，分散的或成片的塌落。

风力侵蚀主要分布在我国西北、华北和东北的沙漠、沙地和丘陵黄沙地区，其次是东南沿海沙地，再次是河南、安徽、江苏几省的“黄泛区”（历史上由于黄河决口改道带出泥沙形成）。它的特点是由于风力扬起沙砾，使沙砾离开原来的位置，随风飘浮到另外的地方降落。例如，河西走廊、黄土高原。

另外还有冻融侵蚀、冰川侵蚀、混合侵蚀、植物侵蚀和化学侵蚀等类型。

引起水土流失的因素包括自然因素和人为因素。

1. 自然因素

自然因素主要有地形、气候、土壤、植被四个方面。

（1）地形：沟谷发育，陡坡；地面坡度越陡，地表径流的流速越快，对土壤的冲刷侵蚀力就越强。坡面越长，汇集地表径流量越多，冲刷力也越强。

（2）气候：产生水土流失的降雨一般是强度较大的暴雨，降雨强度超过土壤入渗强度才会产生地表（超渗）径流，造成对地表的冲刷侵蚀。

（3）土壤：不同类型的土壤，以及土壤粒的大小也是引起水土流失的因素之一。

（4）植被：达到一定郁闭度的林草植被有保护土壤不被侵蚀的作用。郁闭度越高，保持水土的能力越强。

2. 人为因素

人类对土地不合理的利用，破坏了地面植被和稳定的地形，以致造成严重的水土流失。

（1）植被的破坏。

（2）不合理的耕作制度。农作物在耕种过程中对土壤的翻动、除草以及收割会导致大片表土裸露，加剧水土流失。顺坡耕作也会带来严重的水土流失。

（3）开矿。开矿等生产建设破坏地表植被后不及时恢复，会导致水土流失。

（二）活动设计

1. 实验材料

木板2块（60cm × 40cm）、砖4块（长宽高一致）、有草皮覆盖的甲土层2块、无植被生长的乙土层2块（保证甲土质与乙土质大致相同）、水桶、洒水喷壶2把、水。

2. 实验步骤

（1）取甲、乙土层各一块，分别将其平铺在木板上，将两块木板在实验室水槽内摆成一排，垫上一块砖块，将承载土层的木板搁置在砖块上，确保其角度一致。

（2）模拟降雨。两位学生同时用洒水壶喷水，保持喷水高度、角度一致（使得喷水强度相近），每隔2分钟记录一次实验现象，观察土层表面土壤的变化情况以及水流侵蚀形成的泥沙量，持续10分钟。

（3）将原本垫在下面的一块砖，换成叠加在一起的两块砖（意在改变坡度），重复以上操作。

（4）观察并记录坡面冲沟的大小、深浅和坡脚堆积的泥沙量。

第四节 地理调查活动

一、观光农业调查

（一）基础知识

1. 观光农业

观光农业，是一种以农业和农村为载体的新型生态旅游业。近年来，伴随全球农业的产业化发展，人们发现现代农业不仅具有生产性功能，还具有改善生态环境质量，为人们提供观光、休闲、度假的生活性功能。随着收入的增加，闲暇时间的增多，生活节奏的加快以及竞争的日益激烈，人们渴望多样化的旅游，尤其希望能在典型的农村环境中放松自己。于是，农业与旅游业边缘交叉的新型产业——观光农业应运而生。观光农业以农业为基础，以旅游为手段，以城市为市场，以参与为特点，以文化为内涵，开辟可吸引游客前来观赏、品尝、娱乐、劳作的农业，满足人们的精神和物质需求。观光农业不仅有一定的生产性功能、生态功能和旅游功能，还兼有创收功能、教育功能、科研功能、辐射功能、文化传承功能等。

2. 生态农业

生态农业，简称ECO（Ecological Agriculture），是按照生态学原理和经济学原理，运用现代科学技术成果和现代管理手段，以及传统农业的有效经验建立起来的，能获得较高的经济效益、生态效益和社会效益的现代化农业，具有综合性、多样性、高效性和持续性的特点。生态农业要求将农业发展与第二、第三产业相结合，利用传统农业精华与现代科技成果，协调发展与环境之间的关系，在保护环境的前提下实现经济发展，形成生态与经济的良性循环。生态农业除创收功能和生态功能外，还具有平衡功能、科研功能和旅游功能。大力发展生态农业，对农业的可持续发展起着至关重要的作用。

（二）活动设计

1. 调查目的

（1）了解休闲农庄的经营情况，评价其优势与不足，提出建议和对策。

（2）理论与实践相结合，锻炼社会活动能力。

2. 调查内容

投资规模、占地面积、经营模式、经营项目、年收入、优势特色与不足、顾客评价、三大效益（社会、经济、环境）。

3. 调查方法

观察法、访问法、谈话法、问卷调查法、文献资料法。

4. 调查对象

绿世界生态艺术农庄。

5. 前期准备

在出发前，我们不能“两手空空”，要做好充分的准备。例如，可以上网收集绿世界生态艺术农庄的资料，根据调查内容拟定调查提纲（见表5-4）和游客调查问卷等。

表5-4　调查提纲

地理位置	经营模式
投资规模	经营项目
占地面积	优势特色
宣传手段	功能分区
员工数量	娱乐设施
员工来源	农业设施
客流量	经济效益
社会效益	生态效益

6. 实地调查与分析

根据调查提纲，使用观察法、访问法、谈话法和问卷调查法对园区进行调查。调查流程如下：与园区负责人座谈→参观园区→发放问卷→回收问卷。

园区参观顺序：餐饮娱乐区→户外拓展基地→垂钓区→客房区→阳光温室（种苗基地）→梦桥艺术馆→葡萄园→土鸡养殖区→特种养殖区→蔬菜地。

7. 活动总结与评价

（1）调查前做好充分准备。

（2）要加强分工与合作。

（3）除了调查农庄，如果有条件还可以调查农庄周边地区。

二、工业地域调查

（一）基础知识

1. 工业联系、工业集聚、工业地域

（1）工业联系

①生产工序上的工业联系（投入产出的联系）。第一种是甲企业的产出是乙企业的投入，如纺纱—织布—印染—服装制造。第二种是同一工厂中不同工序之间的联系，如汽车组装厂、生产流水线。

②空间利用上的工业联系。有些工厂相互之间并没有生产工序上的联系，却在地理空间上联系在一起，工厂之间这种空间联系有的是为了共同利用基础设施，有的是为了共同利用廉价劳动力等，如某些经济技术开发区中的不同工业企业。

③信息上的工业联系。

（2）工业集聚

在工业发展中，具有工业联系的一些工厂往往发生工业集聚现象。

分类：专业化生产的工业集聚、共用基础设施的工业集聚。

工业集聚的优点：可以充分利用基础设施，加强彼此之间的信息交流和技术协作，降低中间产品的运输费用和能源消耗，最终降低生产成本，提高利润，获得规模效益。

（3）工业地域

工业集聚而形成的地域，人们称之为工业地域。工业地域有两种形成方式，第一，自发形成的工业地域。主要是在生产上有投入—产出联系的工业企业自发集聚形成的。第二，规划建设的工业地域。既有与前者相同的类型，也有在共同的基础设施条件吸收下，不同工业集聚而形成的。

工业地域的性质按照发育程度的不同，分为两类，一类是发育程度较低的工业地域，如食品工业，以当地农副产品加工工业为主，工业联系简单、规

模小、工厂少。一类是发育程度较高的工业，如钢铁工业区，工业联系复杂、面积大、协作企业多、生产规模大，往往能够形成专业化很强的工业城市。例如，我国和世界许多著名的“钢城”“石油城”“汽车城”。

2. 工业分散与工业的地域联系

近年来，一些科技含量高、工序复杂的工业（如飞机、汽车制造工业和电子工业等）开始出现分散的趋势。跨国企业在全球范围内寻找最优区位条件，降低成本，以获得最大的综合经济效益。

（二）活动设计

1. 调查目的

（1）了解麓谷工业园的分布特点，分析其形成原因。

（2）了解传统工业园区与新兴工业园区的区别，分析其分布规律与原因。

（3）地理知识与地理考察活动相结合，锻炼学生的动手实践能力。

2. 调查内容

主要工业部门、基础设施、劳动力状况、技术条件。

3. 调查方法

观察法、访谈法、问卷调查法、文献资料法。

4. 调查对象

长沙市麓谷工业园。

5. 前期准备

（1）文献资料

① 产业——强壮美。翻阅长沙经济发展的历史，你一定会惊奇地发现，曾靠河西荒郊僻壤一个面积仅0.5km^2起步的高科技试验区，短短十年间，不仅孕育了20世纪末长沙最具实力的新兴产业——高新技术产业，还通过技术创新与渗透，在全市形成了“一区四园”新的产业发展格局，使电子信息、先进制造技术、新材料和生物医药四大产业进入全国先进行列，并支撑起长沙工业经济的半壁江山。远大空调、中联重科等一批现代民族工业超级巨星在长沙的诞生更是一个奇迹。十年前，制造业相当落后的长沙几乎看不出有能孕育天才企业的优良“基因”。但是今天，在长沙，像远大空调、中联重科这样被同行业称赞的还有LG飞利浦曙光、湘计算机、创智科技、海利化工、隆平高科、三一重工等一批高科技明星企业。

曾红遍大江南北的"蓝猫"已经落户麓谷，这意味三辰影库通过把开发成功且具有国际先进水平、国内领先水平的"计算机动画制作集成软件和集成系统"项目实现产业化，将在长沙建成国内最大、集高科技于一身的中国自己的"迪士尼"。此外，在网络安全研究领域卓有建树的天一银河，带着公司通过国家"863"计划项目验收的成果入园，着手于民族网络安全产品的产业开发；由新疆汇通和隆平高科投资创建的麓谷生物技术有限公司已建成我国第一条规模化金属硫蛋白生产线并满负荷运转。

② 服务——亲和美。在长沙高新区麓谷投资发展的创业者，除了可享受特优政策、优良的基础设施条件和灵活机制带来的效益，所享受的服务也堪称一流。在高新区麓谷工业园发展的企业，不少是由技术专家领办。专家办企业，不愿花太多时间用于人际沟通和来回奔跑签字盖章上。管委会为此在全市各职能部门中率先设立"绿色通道"，使一站式办公真正落到实处，提高经办双方办事效率。

人才，特别是高科技人才已成为智力密集和创新主导型企业争夺的第一资源。高新区管委会了解到企业的这一需求后，通过创建高新技术专业人才市场，在人才适时供给与有效配置上为企业做好跟踪服务。2000年人才市场成立至今，已储备工程技术等各类专业技术人才5000余人，为企业引进人才5000余名。此外，100余家企业引进的1000余名外地技术人才的落户，都经由高新区人才市场接手办妥。

随着中国入世，企业与国际的交往合作逐渐增多，高新区管委会通过推行落实相关政策、提高对外向型经济发展的指导水平，协助企业完善国际化创新体系，紧跟世界科技发展前沿，从而高起点、高质量、高效益参与国际竞争。目前，区内已有30多项高科技产品成功进入美国、日本及欧洲、东南亚市场，中联重科、LG飞利浦曙光、远大空调、创智科技、长海数码、维用长城等骨干企业的国际化步伐正逐渐加快。

③ 环境——生态美。依山就势，立体园林是麓谷生态环境布局的最明显特征，也是设计者面对丘陵环境在设计中大道自然的点睛之笔。城市人渴望拥有的田园牧歌、花香鸟语式的工作生活环境，在麓谷产业基地变为现实。

40%的绿化率和60%的植被覆盖率，一座座具有金属质感和现代造型的园区厂房掩映于幽幽麓谷。在麓谷，规划建设的园区各主次干道不再统一"着装”，不同风格的行道树和园林灯饰，将成为它们的标志和路牌；园区内长约50km的路网，都将拥有一个需用湖湘文化悉心解读的名字；规划建设的科学家公园，不仅是园区一处别致的景点，还将是湖南省首个展现湖湘科技成就与创新历程的科普世纪公园。

长沙高新区麓谷工业园把现代科技与地域资源、人文特征有机结合，使产业规模与文化特色同时显现，这是精通湖湘文化的长沙人向21世纪递交的一份令人自豪、引人深思的答卷。

（2）活动设计

第一，拟定调查内容，见表5–5。

表5–5　调查内容表

序号	企业名称	位置	主要产品	其他

第二，确定调查线路。

6. 实地调查与分析

（1）拟定实地调查提纲

① 麓谷工业园联系对应的是哪一种工业集聚？

② 麓谷工业园的“新”表现在哪几个方面？

③ 麓谷工业园的区位优越性有哪些？

④ 麓谷工业园与传统工业区的区位条件、工业部门、企业规模等有什么区别？

⑤ 麓谷工业园应注意哪些问题？同学们有何建议？

⑥ 对你熟悉的一家工厂进行调查，分析该企业的区位优势有哪些？不足有哪些？同学们有何良策？

（2）实地调查程序

选题阶段—准备阶段—调查阶段—分析阶段—总结阶段。

（3）实地调查方法

① 文献资料法及要求：内容要有针对性；重视原始材料；获取的材料要进行鉴别。

② 观察法及要求：进入现场并与被观察者建立友好关系；充分利用观察工具（如照相机），记录观察内容；事后记录个人印象和分析意见。

③ 访谈法及要求：友好接近被访谈者，说明来意；事先准备好交谈主题或提纲；对被访谈者不施加个人影响，保持中立态度。

④ 问卷调查法及要求：调查问卷形式要统一，可分为填空式、是否式、选择题式；问题的选项要尽可能囊括可能涉及的问题；遇到难以确定的备选答案，可以用“其他”代替。

7. 活动总结与评价

（1）调查报告的结构形式

① 开头：调查报告的开头起提示全文的作用，必须简明概括，以帮助读者正确、深刻地理解全文。

② 正文：为了眉目清楚，常常列出纲目，用小标题标明。常见的安排有如下几种：按事情产生、发展、变化的过程来写；用对照比较的方法来写；根据内容的特点，把问题的几个方面列举出来。

③ 结尾：这一部分是调查报告的结束语，即全文的结论。要对事实进行分析，得出结论性意见。最后写调查人姓名及整理调查报告的时间。

（2）活动评价

调查组成员要分别写出个人体验，总结自己在调查过程中的行为表现。

三、商业网点调查

（一）基础知识

商业网点是指根据网点建设规划管理需要所界定的从事商品流通，为生产经营和生活服务的单体商业经营场所，或在同一区域内统一开发、统一经营、统一管理的综合商业经营场所，包括零售商店、商品交易市场、旧货市场、汽车交易市场、物流基地、餐饮店及其他生活服务业设施等。影响商业网点分布最主要的因素是经济因素，其他因素的作用必须通过经济因素而间接地发挥作用。经济是影响人口分布的决定性因素，而人既是生产者又是消费者，在某种程度上可以说商业活动是由人口的分布决定的。所以在分析影响商业网点分布时，这是思维的主线索。商业网点的组织形式与人口的密度有直接关系。人口稀少的地区不宜设置过密和固定的商业网点，而要求更多地采取流动服务的灵活组织形式，如大篷车、货郎担等，以方便群众的买卖；人口密集、交通便利的地区，商业网点的设置可采用相应规模的固定形式，例如商业街、商业小区等。电子计算机等新技术在商业活动中的应用和推广，使商业网点的组织形式发生了新的变化，如网上购物、自动售货机。

（二）活动设计

1. 调查目的

（1）了解商业网点的分布特点，分析其原因。

（2）了解某购物商场的服务范围、所售商品的空间分布特点，分析其原因。

（3）理论与实践相结合，锻炼学生的社会活动能力。

2. 调查内容

商业形态、楼层高低、经营模式、商品种类、服务范围、分布特征、交通状况、优势与不足、客户评价。

3. 调查方法

观察法、访问法、座谈法、问卷调查法、文献资料法。

4. 调查对象

滦湾镇商业圈。

5. 前期准备

在出发前，关于商业圈的资料，我们不能“两手空空”，要做好充分的准备，如可以上网收集滦湾镇资料，根据调查内容拟定调查提纲和顾客、商家调查问卷等，见表5-6。

表5-6 调查提纲

分布位置	顾客来源
占地面积	顾客数量
投资规模	宣传手段
经营类型	消费者出行方式
商品种类	消费者购物周期
经营状况	

6. 实地调查与分析

根据调查提纲，使用观察法、访问法和问卷调查法对商业网点进行调查。调查流程：观察店铺位置并记录—对店主进行访谈并记录—发放问卷—回收问卷。

7. 活动总结与评价

（1）调查前做好充分准备。

（2）要加强分工与合作。

（3）学习一些力所能及的基本软件，掌握基本的图形和数据处理方法。

第六章

高中地理教学评价

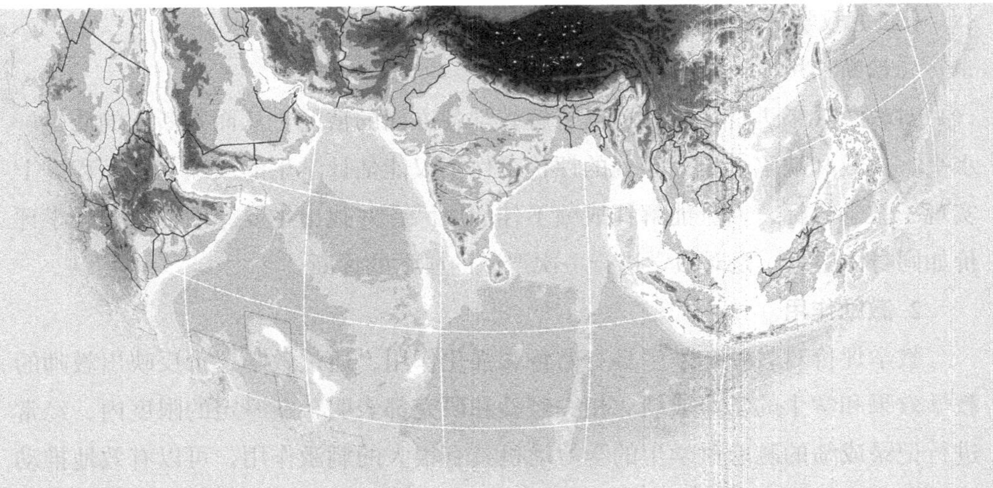

第一节　地理教学评价概述

一、教学评价

（一）教学评价的定义

教学评价是依据教学目标对教学过程及结果进行价值判断并为教学决策服务的活动，是对教学活动现实的或潜在的价值做出判断的过程。教学评价是研究教师的“教”和学生的“学”的价值过程。教学评价一般包括对教学过程中教师、学生、教学内容、教学方法、教学环境、教学管理诸因素的评价，但主要是对学生学习效果的评价和教师教学工作过程的评价。教学评价的两个核心环节为：对教师教学工作（教学设计、组织、实施等）的评价——教师教学评估（课堂、课外）、对学生学习效果的评价——考试与测验。评价的方法主要有量化评价和质性评价。

（二）教学评价的作用

1. 诊断作用

对教学效果进行评价，可以了解教学各方面的情况，从而判断它的质量、水平、成效和缺陷。全面客观的评价工作不仅能估计学生的成绩在多大程度上实现了教学目标，而且能解释成绩不佳的原因，并找出主要原因，可见教学评价如同身体检查，是对教学进行一次严谨的科学的诊断。

2. 激励作用

教学评价对教师和学生具有监督和强化作用，通过教学评价反映出教师的教学效果和学生的学习成绩。相关经验和研究都表明，在一定的限度内，经常进行记录成绩的测验对学生的学习动机具有很大的刺激作用，可以有效地推动课堂学习的发展。

3. 调节作用

教学评价发出的信息可以使师生知道自己的教和学的情况，教师和学生可以根据反馈信息修订计划，调整教学的行为，从而有效的工作以达到所规定的目标，这就是评价所发挥的调节作用。

4. 教学作用

教学评价本身也是一种教学活动，在这个活动中，学生的知识、技能将获得提高，智力和品德也有进展。

二、地理教学评价的分类

（一）形成性评价

1 .形成性评价的定义

形成性评价（Formative Evaluation）是相对于传统的终结性评价（Summative Evaluation）而言的。所谓形成性评价，是“对学生日常学习过程中的表现、所取得的成绩以及所反映出的情感、态度、策略等方面的发展”做出的评价，是基于对学生学习全过程的持续观察、记录、反思而做出的发展性评价。其目的是“激励学生学习，帮助学生有效调控自己的学习过程，使学生获得成就感，增强自信心，培养合作精神”。形成性评价使学生“从被动接受评价转变成评价的主体和积极参与者”。形成性评价是指在活动运行的过程中，为使活动效果更好而修正其本身轨道所进行的评价。形成性评价的主要目的是明确活动运行中存在的问题和改进的方向，及时修改或调整活动计划，以期获得更加理想的效果。

2. 形成性评价的功能

（1）积极导向功能。教学评价应有利于促进教学目标的实现。众所周知，对学生的学习态度、价值观和发展潜能的考查是难以通过唯一的终结性评价方式来实现的，只能通过大量的非终结性的评价方式——主要是形成性评价来实现，这样才有利于保持学生积极的学习态度，形成有效的学习策略和具备跨文化交际的意识。

形成性评价机制应当为教学目标服务，为了某种人生欲望的满足而产生的显性的或潜在的对地理学习的追求是学生学习地理的内在动力，但是如何学，学生是不甚清楚的。为此，教学需要设定一个正确的目标，以引导动力的作用效果尽可能有效地发生在目标方向上。形成性评价体系里的各种行为措施，都应当有利于引导学生的学习走向这一目标。例如，要求和指导学生有意识地根据目标制订学习计划，不断检验或评价自己学习的进程和结果，充分认识和挖掘自己学习地理的潜力，从而实现高效率的地理学习过程，所以形成性评价在地理学习中起着导航灯的作用。

（2）诊断、鉴定功能。形成性评价实质上是对学生学习的有效结果和发展潜能所进行整体的价值判断。在教学过程中指导学生通过对照教学目标、各种量表、评价表等进行学习行为的检测，以评价自己或同学。这种评价实行学生、教师、家长等共同参与，从各个侧面了解学习的进行，判断学习中存在的问题和偏差，以便学生能够有针对性地加以改进。所以，形成性评价对教和学的发展过程具有诊断、鉴定功能。

（3）反馈、调节功能。泰勒说过，教育目标的分析、教育的评价和教育计划，是不断循环着的，当人们在评价教育评价的效果时，便会屡次对那些建立在教育前提的目标发生改良修正的联想，同时也会提出教授法或指导计划的修正方向。目标和指导计划修正以后，又会反过来要求指导法的修正，也要求评价计划的修正，它们是互为循环的，因此教育评价可促进教育的正常化。

开展形成性评价，师生通过对照目标，通过访谈、问卷等发现教学的成功和不足来评价学习过程中的得失，师生对下一阶段的学习重新调整自己的计划和教学策略，并对自己的学习进行适当监控，从而进行更有效的地理教学活动。可见，形成性评价在教学中起着反馈和调节的作用。

（4）对学生成长与发展的促进功能。形成性评价的任务是对学生日常学习过程中的表现、所取得的成绩以及新反映出的情感、态度、策略等方面的发展做出评价，通过激励学生学习，帮助学生有效调控自己的学习过程，使学生获得成就感，增强自信心，培养合作精神。教师为了使评价有机地融入教学过程，可以建立开放、宽松的评价氛围，进行课堂学习活动评比、学习效果自评、学习档案的建立等评价活动，鼓励学生、同伴、教师和家长共同参与评价，实现评价主体多元化，促进学生在学习中成长和发展。

3. 形成性评价的原则

（1）发展性原则。形成性评价的目的是激励学生学习，帮助学生有效调控自己的学习过程，使学生获得成就感，增强自信心，让学生通过评价发展自己，提高自己。因此，形成性评价要为学生的发展服务，注重帮助学生树立成功的信心，发现发展中的问题，通过反馈信息，促进学生更好的发展。因此，它的另一个重要原则是“以学生发展为本”，包含以下几方面内容：第一，评价从学生主体出发，以满足学生需求为出发点。第二，评价的目的是为学生的发展服务，只要有利于学生发展，任何评价技术和手段都要利用。第三，评价关注每个学生的原有基础和个性特点，并为其获得最佳发展服务。通过形成性评价，鉴定学生原有的基础和认知水平，使学生认识到自己的不足，引导学生有针对性地对学习过程加以改进和进行调整，优化整个学习过程，以评价促改进，从而获得最佳发展。同时，发展性原则还关注学生的情感态度与价值观，使学生获得基础知识与基本技能的过程成为学生学会和形成正确价值观的过程。

（2）过程性原则。过程性原则有两层含义：第一，全程性，是指评价贯穿于学生学习活动的全过程；第二，动态性，是指对发展过程的诊断、鉴定、反馈、调控、把握过程的发展方向。形成性评价强调过程评价，正是这种对过程的评价培养了学生对地理学习的浓厚兴趣，增强了他们的学习动机，提高了其学习兴趣和自我学习的能力。

（3）多样性原则。多样性原则体现在以下几个方面：

① 评价主体的多元化。评价主体不仅是教师，而且还应包括学生和学生家长。形成性评价参与的多元化，建立开放和宽松的评价氛围，鼓励学生、同伴、教师及家长共同关注和参与；在形成性评价中，教师要逐步转变角色，从考官的角色逐渐转变到与学生合作，共同完成评价的角色，实现评价主体多元化。

② 评价形式的多样化。形成性评价关注学习过程，评价方式根据不同对象和内容，可以有自评、互评、他评，实现评价形式多样化。

③ 评价手段的多样化。评价的手段有教师观察、学生对照量表、目标反思等，教师根据不同个性的学生、不同的学习策略、学生的差异采取适当的评价方式及评价手段，设计出不同层次的评价目标。在实际教学中，教师应该允许学生自主选择自己的评价方式，这会有利于学生充分展示自身的优势，让不同学业水平的学生都能体验成功。

（4）实效性原则。地理教育评价的实效性原则就是着眼于对教育的现实意义和评价行为所产生的实际效果的追求，亦即要求教育评价实践中能充分体现出评价所应用的价值。实效性原则体现在评价方式应简单易行，避免使用过于烦琐的程序，注意评价活动的质量和使用时机，让学生感到评价是积极的、有意义的学习活动，不使评价流于形式，注重实效。因此，地理实际教学中的评价内容在设计和采用的方式方法上都不能脱离地理教学的目标，要非常注重评价过程能够产生实际的质量效果。

（二）终结性评价

终结性评价就是对地理课堂教学的达成结果进行恰当的评价，指的是在教学活动结束后为判断其效果而进行的评价。一个单元、一个模块，或一个学期的教学结束后对最终结果所进行的评价，都可以说是终结性评价。终结性评价是对一个学段、一个学科教学教育质量的评价，其目的是对学生阶段性学习的质量做出结论性评价，评价的目的是给学生下结论或者分等级。

（三）诊断性评价

1. 诊断性评价的定义

诊断性评价也称“教学性评价”，一般是指在地理教学活动开始前，对评价对象的学习准备程度做出鉴定，以便在某项地理教学活动开始之前对学生的知识、技能以及情感等状况进行预测，并采取相应的措施使地理教学计划顺利、有效实施而进行的测定性评价。

2. 诊断评价的作用

诊断性评价可以了解学生的知识基础和准备状况，以判断他们是否具备实现当前教学目标所要求的条件，为实现因材施教提供依据。一般在课程、学期、学年开始或教学过程中需要的时候实施诊断性评价。例如，入学准备程度的诊断一般包括对下列因素的确定：前一阶段教育中知识的储备和质量；注意力的稳定性和广度；语言发展水平；认知风格；对本学科的态度；对学校学习生活的态度；身体状况；等等。教师可以通过研究学生履历、分析学业成绩表，以及实施各种诊断性测试，就上述各个方面或几个方面进行诊断。诊断出学生在入学准备程度上的缺陷或特点后，教师就可据此确定每个学生的教学起点并采取某些补救性措施，选择差异性的教学策略或给学生以情感方面的关心和支持。

诊断性评价的作用主要体现在以下两个方面：一是确定学生的学习准备程度；二是可以适当安置学生。例如，同一年级的学生肯定在知识储备、能力和能力倾向、学习风格、志向抱负及性格等方面互有差别，学生的这种多样性必然也要求教学条件和环境具有多样性。因此，教师需了解学生在上述方面的差别和差别程度，为学生提供适合其特点的学习环境，或者说，根据学生的个别差异对学生分班、分组，是教师组织教学活动的前提，也是使每个学生能充分发展的必要条件。

（四）多元教学评价

1. 多元教学评价的理论基础

以学生全面发展为目的的多元教学评价是建立在对评价对象的科学认识和教育教学方式，重新理解之上的，是对人的本质尤其是人在教育中的本质的重新解读和教育教学本质的重新定位。

（1）人本主义理论。20世纪60年代，人本主义的代表人物、美国人本主义心理学家罗杰斯提出了以学生为中心的教学思想，认为学习的目的和结果是使学生成为一个完善的人，一个充分起作用的人，也就是使学生的整体人格得到发展。人本主义教育理论把促进人的完善作为教育的最终目的，它实现了教育的几个重要转变：教育目标从学会学习到自我实现；教育过程从重视传授知识到重视人格培养；在学习过程中重视意义学习，提倡自由探索；在师生关系上强调教师是促进者，是学生的朋友；在教学方法上强调教师的促进作用，营造良好的心理氛围；在教育评价上从外部评价转向自我评价。人本主义教育理论给我国的教育改革注入了新的思想源泉，更对教师的传统教学评价提出了挑战，即教学评价的目的不仅在于选拔和甄别学生，而且要使评价融入人本主义的精神，使之成为促进学生整体人格发展的重要手段。

（2）多元智力理论。多元智力理论由加德纳在1983年出版的《智力的结构》一书中首先提出，他认为就智力的结构来说，人的智力不是某一种能力或围绕某一种能力的几种能力的组合，而是相对独立、相对平等的7种智力，即言语—语言智力、音乐—节奏智力、逻辑—数理智力、视觉—空间智力、身体—动觉智力、自知—自省智力和交往—交流智力。每种智力在每个人身上的表现程度和形式又是不一样的，有的强一些，有的弱一些。按照多元智力理论的精髓和实质来进行教学评价时，教师应当从学生的个体出发，对他们进行多元化的质性评价，主张评价的自然性、真实性、连续性和动态性。评价的目的是展示学生智力类型和学习类型的差异，而非智商的高低和学习成绩的好坏，以便有针对性地提出未来学习方向的建议，使其更好地发展，反对重结果、重成绩、重甄别和淘汰的标准化及常模下的量化评价。多元智力理论为地理教学评价的实施提供了新思想和新视角，评价的核心应由过去单一检测学生的言语语言智力转向包括其他智力因素在内的多元评价，为学生的全面发展创造条件。

（3）建构主义理论。20世纪80年代，建构主义学习论兼收并蓄多家学习论的合理观点，给学习赋予新的含义。它站在学习者的角度，关注个体如何以原有的经验、心理结构和信念为基础来建构知识；它认为知识不是通过教师传授获得的，是学习者在一定的社会文化背景下，借助于其他人（包括老师和学习伙伴）的帮助，利用必要的学习资源，通过意义建构的方式获得的。学习者与周围环境的交互作用，对学习内容的理解起关键性的作用。关于效果评价，建构主义强调教师在学习过程中随时观察记录学生的学习表现，而不需要进行独立于教学的专门测验。建构主义给现代教育和教学评价的启示是，教学绝不是教师给学生灌输知识、技能，而是学生通过驱动自己的学习动力机制积极主动地建构知识的过程，教学的中心应该在于学生而不在于教师，教师在教学中应该是引导者、促进者和帮助者；教学不仅要注重结果，更要注重过程；教学评价的目的在于促进教学，而不在于选择和判断。因此，在评价过程中，教师不仅要对学生的课堂及课外学习情况进行评价，还要对学生的学习策略、合作与交际能力等进行评价。

2. 多元地理教学评价的基本原则

（1）以人为本原则。人本主义心理学强调人的自我实现，即充分、完善地发挥人的潜能。以人为本评价观认为传统的外部评价不能客观真实地反映学生的实际，这种外部评价无法衡量学生成长中的意志努力、刻苦勤奋和态度、动机等因素。多元地理教学评价是对人的评价，它关注学生在学习过程中的表现、所取得的成绩以及所表现出的情感、态度、策略等方面的发展。其目的是使学生增强学习的自信心，帮助学生及时调整自己的学习方案，使学生在学习的过程中所有进步，继而培养学生的合作精神。这样的多元地理教学评价，有利于学生从被动接受评价转变为评价的主体和积极参与者，提高学生的综合素质。

（2）全面发展原则。多元地理教学评价全面发挥评价的各种功能，既注意标准，又注意过程，要求弱化评价的选拔与甄别功能，强化评价的激励功能。评价不试图用过于刻板的标准来衡量所有的学生，而是关注学生的个体差异，尊重每个学生，因材施评，通过学生在地理学习中的表现去判断每一个学生的学习质量和水平，符合人的多元智能的实际。多元地理教学评价主张对学生的学习动机和态度、学习过程和学习效果进行三位一体的评价，在评价的实施过程中提倡以激励学生的全面发展为主要的原则。

（3）及时渗透原则。传统教学评价以终结性评价为主，在评价中单纯地追求学习结果，忽视了对学习过程的监控。而多元地理教学评价体现在对日常教学的评价中，与教学融为一体，特别适用于对学生学习的诊断，它能提供学生行为的细节，从而有助于教师判断学生的整体表现。这种方法有利于教师发现学生的长处和弱点，有效、及时地帮助他们制订新的学习计划。可见，地理评价不是孤立存在的，它与教师的教学和学生的学习是交织在一起的。

（4）可持续性原则。与传统的地理教学评价不同，多元地理教学评价不是间歇式地进行，而是贯穿于学习的始终，在学习之前、之中、之后都不间断地进行着。所有的评价活动在时间上具有连续性，在一段时间内给评价活动的参与者与评价结果的使用者提供有关个体发展的纵向信息。随着地理评价理念的逐步树立和对评价方法的逐步掌握，学生将评价作为学习的一部分，作为自己生命活动的一部分，并使之成为促进自己终身学习和终身发展的重要手段。

三、地理教学评价的原则

（一）地理教学评价应遵从的原则

教学评价是地理课程的重要组成部分，科学的评价体系是实现课程目标的重要保障。地理课程的教学评价应根据课程标准的目标和要求，实施对教学全过程和结果的有效监控。通过教学评价使学生在地理学习的过程中不断体验进步与成功，认识自我，建立自信，调整学习策略，促进学生综合语言运用能力的全面发展。教学评价应能使教师获得地理教学的反馈信息，对自己的教学行为进行反思和调整，不断提高教育教学水平，促进地理课程的不断发展和完善。因此，地理教学中的评价原则应从以下几方面进行。

1. 体现学生在评价中的主体地位

学生是学习的主体，教学评价应以学生的综合语言运用能力的发展为出发点。教学评价应有益于学生认识自我，树立自信；应有助于学生反思和调控自己的学习过程，从而促进综合语言运用能力的不断发展。教师应使学生认识到自我评价对学生能力发展的意义，学会自我评价的方法，并在学习中积极、有效地加以运用，不断提高学习的自主性。因此人们会发现，在实际的地理教学过程中，学生都应是各类评价活动中积极的参与者和合作者。

2. 建立多元化和多样性的评价体系

地理课的评价体系要体现评价主体的多元化和评价形式的多样化。教学评价应关注学生的综合语言运用能力的发展过程以及学习的效果。为了使评价有机地融入教学过程，应建立开放和宽松的评价氛围，鼓励学生、同伴、教师以及家长共同关注和参与评价，实现评价主体的多元化。同时提倡形成性评价与终结性评价相结合，既关注结果，又关注过程，以形成性评价为主；定性评价与定量评价相结合，以定性评价为主；他评与自评相结合，以自评为主；综合性评价和单项评价相结合，以综合性评价为主。

每个学生的认知风格、学习方式及阶段性发展水平是有一定差异的，在日常教学中，教师应注意根据学生的差异采取适当的评价方式，设计出不同的评价目标，并允许学生自主选择适合自己的评价方式，以利于学生充分展示自身的优势。

3. 注重形成性评价对学生发展的作用

形成性评价是教学的重要组成部分和推动因素。形成性评价的任务是对学生日常学习过程中的表现、所取得的成绩以及所反映出的情感、态度、策略等方面的发展做出评价。其目的是激励学生学习，帮助学生及时而有效地调控自己的学习过程，使学生获得成就感，增强信心，培养合作精神。形成性评价有利于学生从被动接受评价转变为评价的主体和积极的参与者。形成性评价可在课堂内外进行，如课堂学习活动评比、日常家庭作业评定、课外活动参与点评、学习效果自评、学习档案、问卷调查、访谈、家长对学生学习情况的反馈与评价、平时测验等。教学评价应关注学生在完成综合性语言任务中表现出的自主收集信息和处理信息的能力；与人讨论、合作、沟通和协调的能力；有条理的展示任务成果的能力。需要注意的是，无论采取何种方式，都应注意评价的正面鼓励和激励作用。教师要根据地理评价结果与学生进行不同形式的交流，充分肯定学生的进步，鼓励学生自我反思和自我提高，并应注意与家长的交流，争取家长的有效合作。

（二）新课标背景下地理教师进行有效评价的原则

1. 坚持兴趣性原则

在新课改的要求下，教师通过多种形式的地理课堂教学评价方式让学生在听、说的过程中体会学习的乐趣，体验成功感，树立学习的自信心，变被动学习为主动学习。地理新课程标准下的评价是以促进学生的兴趣、爱好、意志等个性品质的形成与发展为目的，把评价作为手段，做到为教学服务。

2. 坚持主体性原则

新课改下的地理课堂教学模式强调以学生为主体，开展多种形式的研讨活动，如生生互动、师生互动的方式，让学生自主学习，促使学生主动参与地理学习，从而完成教学目标。其目的在于挖掘、发挥学生的个性特征以及价值，鼓励学生体验成长过程，激活学生渴望成功、不断发展、完善自我的内驱动力，使学生在学习、生活中都能够全面发展。

3. 坚持平等、合作、互动原则

现代教育理论告诉人们，教学实质是师生之间、学生之间思想感情和信息的交流，它不仅是教师与学生之间互动的过程，还涉及生生互动、全员互动等多种互动过程。因而，遵循师生平等、合作、互动的原则有利于优化地理教学过程，促进地理教学的发展。

4. 坚持发展性评价原则

地理教学模式中的评价有多种方式与途径，如小组评价、学生自我评价、教师对学生的评价、学生之间的互评等。在实际的地理教学过程中，教师应重视对学生学习过程中兴趣、态度、习惯、方法、策略的评价，从而激发学生学习地理的兴趣，培养学生学习地理的自信心。课堂有效的教学评价，应将其核心功能定位在促进学生作为完整的人的发展上，关注学生在教学过程中的主体地位，检查教学是否使学生取得了预期的、应有的进步和发展，包括学生认知与人格的发展、智慧的发展、生成性的发展、面向未来的发展等，还要关注教师教学效能的有效发展，促进教师的业务成长，这些都体现了评价标准的发展性。这样做可以有效地激发学生的学习兴趣，强化学习动机，培养学习习惯，掌握学习方法和策略，提高学习效率的途径和方法，同时促进学生整体素质的提高。

四、高中地理教学评价功能

（一）导向功能

教学评价的功能之一，就是为教学提供参照依据及目标，并以此推动教学活动的实施。按“教育评价之父”泰勒提出的理论，教育评价的本质是检验“课程实施实际上实现教育目标的程度”，课程评价要以课程编制（课程方案和课程标准）为依据，并根据评价的结果对课程和教育过程加以修正。

地理课程教学评价的导向功能中的“导”，体现为“恰当使用评价工具并得出准确且有意义的评价信息”。教育评价依据教育目标衡量教育过程及其结果，其评价标准对整个教育教学活动具有导向或指导作用，如同“指挥棒”一样支配或引导教学工作各环节的展开，包括课程目标的制定、教学内容的选择、教学方法的使用以及教学过程的展开等。因此，教学评价的导向功能不仅表现为评价目标和方向与课程目标一致，还体现为对评价方式使用的指导与建议。

教学评价标准在某种程度上左右着教师日常教学的内容和形式，以及学生学习的动机与信心。新课标提出的“采用形成性评价与终结性评价相结合的方式，增加评价的纬度，关注学习过程和学习结果”的多元化、多维度评价体系，则在一定程度上纠正了以往教学评价中存在的过分强调评价的甄别与选拔功能、评价纬度单一、过于重视终结性评价、过于注重纸笔测验与自上而下的评价等问题。因此，教师在进行评价的过程中，要充分发挥评价的导向功能，即在制定评价目标或标准时要切合地理课程标准所制定的目标，同时教师还应理解不同的评价工具、评价手段的特点和应用范围，做到目标与手段的一致。

（二）诊断功能

通常情形下，教师利用考试来检查“教”与“学”的效果，诊断学生学习中遇到的困难以及教师在教学上存在的问题。地理教学评价的诊断功能，就是发现学生在学习过程中遇到的问题，了解学生目前知识和技能的掌握状况，从而合理调整和设计后续教学的重点、难点。通过地理教学评价，能使教师和学生知道教学过程的结果，及时地提供反馈信息并进行评价，使教师明确教学目标和实现程度，明确在教学活动中所采取的形式和方法是否有利于促进教学目标的实现，并针对存在的问题采取相应的措施，重组教学设计，改进教学方法，最大限度地提高教学效益。

（三）激励和强化功能

地理教学的评价以激励学生和促进学习为目的，对教师和学生具有监督和强化作用。教师通过实施一定的考试与评价，有助于对学生进行管理，将其精力和关注点集中在学习和准备接受测试及评价的任务上。如果没有考试与评价制度，学生则会缺乏学习目标和压力，教师也无从判断学生发展的个体差异性。

对学生而言，教师的表扬、鼓励、学习成绩测验等，可以提高学习的积极性和学习效果，帮助他们记忆，促进正迁移，同时学会独立地评价自己的学习结果，即自我评价。据有关研究表明，在一定的限度内，经常进行记录测验成绩对学生的学习动机具有很大的激发作用，可以有效地推动课堂学习。

地理评价还能使教师发现和发展学生多方面的潜能，了解学生在发展中的需求，帮助学生认识自我、建立自信。教师在地理教学中，应该通过评价使学生在地理课程的学习过程中不断体验进步与成功，正面促进学生综合语言运用能力的全面发展，并以此为依据，建立地理教学各环节的评价方案，对地理教学实施科学的评价，促进地理教育教学改革，使学生学习地理的过程成为其健康成长的过程。

（四）区分选拔功能

人的能力存在个别差异，学生在考试上的表现可能因人而异。教师通过标准化测试中的统一评分标准对学生的考试成绩进行评分，通过分数判断被试者的学业水平高低，使考试起着区分和筛选的作用。正因为如此，人们常利用考试来给学生排序分等、选拔分流等，为升留级、选择课程、指导学生职业定向提供依据；为选拔、分配、使用人才提供参考；为家长、社会、有关部门报告和阐释学生学习状况提供依据。此外，由于考试结果的类比性是客观存在的，教师往往会通过学生的学习成果评价，将任课教师、学生、班级、学科之间进行横向比较，了解自己在总体中的相对地位，从而改进和提高教学水平。

尽管评价所具备的选拔与评比作用不可否认，但从现代教育评价的发展来看，重视评价的发展性价值，淡化评比与选拔作用的趋势越发明显。有学者尖锐地指出应改革“侧重形式，忽视内容分析性的选拔性地理考试”。

（五）反拨功能

地理教学评价的反拨功能体现在教学的各个环节和层面，如教学内容、方法、教材编写等，正面、负面影响兼而有之。任何考试的设计者都必须考虑测试的反拨效应，因此地理教师也应具备一定的评价素养，了解相关语言测试的理论并具备基本的实践能力。美国教师协会等制定的《教师开展学生教育测试的能力标准》规定教师必须具备以下能力：选择和开发适合教学决策的测试手段，实施和评判外部考试及内部测评并解释考试和测评结果，依据测试结果评价学生、规划教学、改进课程和教学方法，开发、使用和评价有效的学生自我评价体系，与学生、教学政策制定者和其他利益相关者沟通和解释考试结果，辨别不道德、不合法及其他不恰当的测试方法和测试结果的使用。地理教师应合理利用评价的反拨功能，提高教学效率。

总之，教学评价具有许多正面积极的功能，但这些功能的发挥则有赖于科学的评价标准的制定以及恰当的评价工具或方法的选择，使教育评价真正起到发挥评价学生发展、提高教师教学实践的功能。

五、高中地理课堂教学评价的构成

（一）地理课堂教学的即时评价

1. 即时评价

课堂教学的最终目的是挖掘学生的潜力，使学生牢固掌握基础知识，在学习的过程中产生创新精神。课堂教学可以增加学生和学生、学生和教师之间的交流，在教学课堂上对学生进行适当的即时评价有一定的意义。

（1）即时评价的定义

即时评价指评价者在教学活动过程中对被评价者的态度、行为、效率等进行即时点评。通常情况下，即时评价以教学活动为前提，与教学活动分不开，主要是对行为的评价，贯穿学习的整个过程。

（2）即时评价的作用

① 导向作用。地理教学活动中的即使评价，有利于教师引导学生高效率地学习知识，而且能掌握学生的思维，高效率的结束课堂教学。

② 激励作用（调控作用）。众所周知，人们在做事的过程中受到鼓励，会激发积极性，提高做事的效率。同样的，在地理教学活动过程中，积极的即时评价能鼓励学生，学生的积极性会提高，学习效率会提高。

（3）在课堂教学中使用即时评价的原因

在课堂教学中，教师对学生评价语言的探索越来越受到重视。学生在学习的过程中，教师每时每刻都会对其进行评价，评价已经成为教学不可或缺的一部分。另外，在地理课堂教学中，教师对学生进行评价，可以调整学生的学习情绪。

2. 地理课堂教学即时评价的实施

地理课堂教学即时评价能推动课堂教学的进步，能使课堂教学的效率提高，是课程改革的一个重要任务。以前课堂教学评价以教师为中心，从教师教的角度来评定一节课的好坏。现在教学评价的作用，是争取发挥激励作用，以学生为中心，为学生的发展服务。地理课堂教学评价也要走出“以教论教”的误区，教师发挥主导作用，提高学生的参与度，重视即时评价的积极作用。

（1）教师的即时评价

① 肯定性评价。肯定性教学评价是指从正面对学生进行肯定（信任、鼓励、表扬、祝福、希望等类型的有声语言或无声语言）。在教师评价学生时，采用肯定性评价，对学生给予期望，有时候没有用言语把这种期望表述出来，学生也会感受到教师传递的信息，使学生产生自信，有一种自己能不辜负期望的信念。通常情况下，学生会认为自己有老师认为的那么优秀，对自己充满信心，对前途充满憧憬，会加倍努力而且这种努力会有明显的效果，从而克服困难，完成任务。这种自我信念的良性循环，将直接促进学生的发展，从而形成强大的期望效应。

② 激励性评价。每个学生在读书前对学校都抱有美好的憧憬，无限的希望，保护好学生的憧憬和希望是教师的教学任务之一，另外，更重要的任务是让学生最大限度地发挥潜能，让每个学生尽快发展，喜欢课堂、喜欢老师，进而喜欢地理。激励性评价能激励学生，使学生产生上进的心理，然后不断地努力；激励性评价能满足学生的心理需求，激发出学生主动学习的积极性。教师在地理课堂教学过程中运用好激励性评价会产生事半功倍的作用。

③ 开放性评价。开放性评价就是指地理课堂教学的即时评价不能太死板，要确保所有学生在每一节课都有收获，教师和同学也要帮助学习成绩比较差的学生，让他们感受到“只要努力，我也会提高，我也会成功”。对学困生不追求其全面的评价，应侧重其某一方面的进步，然后用言语进行表扬和鼓励，只要是进步一点点的某方面或几方面都值得教师表扬，因为人一旦受到认可就会发挥得更好。另外，教师在地理课堂教学时要注意教育的层次性，针对

不同的学生有不同的评价，尽量开发学生的智力，可以采用让少部分人先进步，带动大部分人共同进步的思想，就是产生“领头雁”。

（2）学生的即时评价

① 要引导学生参与课堂的即时评价。传统的课堂教学侧重于教师的评价，而学生只是处于被评价的地位。这种只有教师评价、大部分学生当观众和听众的单向传递方式已不适应现代素质教育的要求，更不利于学生的学习交往。引导学生参与评价打破了传统课堂教学上这种单一的师生授受关系，它给地理课堂学习注入了全新的元素和动力，这就是来自同龄人的启发和互动。

② 引导学生参与课堂评价。第一，给予学生充分参与即时评价的机会。给予学生充分的时间和空间就是要让学生参与即时评价，教师在地理课堂上就必须保证他们评价的时间。学生是一个个具有不同个性的人，作为教师应该注重学生发展的潜在性、主动性和差异性，在课堂上保证学生有自主表现和发展的空间，为每个学生提供积极参与课堂学习的机会。授课教师每节课至少要给予学生10分钟的时间，让学生充分地思考、讨论、评价。第二，教给学生即时评价的方法。其一，建立课堂即时评价的常规。评价对于学生来说是一个全新的事物，建立一套完整的课堂即时评价常规有利于帮助学生顺利掌握参与评价的步骤。课堂即时评价常规包括“听”“想”“评”“思”。“听”是指听清楚对方的发言，这是做好评价的前提；“想”是根据别人的发言内容进行思考，组织好评价的语言；“评”是以一定的评价标准进行评价；“思”是虚心地倾听别人的反馈意见，进行思考，提高自我。课堂上建立了评价常规，学生评价的内容就更具体充实，更具有针对性。其二，掌握评价的基本形式和方法。评价有着多种多样的形式，从课堂教学的组织形式上划分，有自我评价、同桌评价、小组评价、对组评价、全班评价、师生评价等。从地理课堂教学的方法上划分，评价又可以分为两种形式：多项评价和比较评价。多项评价，即让学生围绕问题，从不同角度采取不同的方法评价，这在理科课堂教学中较常用，目的是培养学生多向思维的能力；比较评价，即当问题的答案出现两种不同意见时，让学生进行比较，意在培养学生的辨析能力。

（二）地理课后学习的作业评价

1. 课后作业的定义

课后作业是教学活动的一种形式，是教师为学生设计并布置下去，需要学生完成的。课后作业的布置要依据教学的目标和实际学习的教材的需要。学生对课后作业完成的过程是学生再次进行学习的过程，所以，学生的课后学习任务和课后作业都是教师教学过程中不可缺少的重要部分。

2. 高中地理课后作业的设计与评价

（1）分层设计。每一个学生都有自己的特性，在学习的过程中，每个学生的学习能力和学习水平也是各不相同的，在地理教学中，课后作业的设计也要根据学生的具体特点和学生的认知水平合理设计，要采取分层的方式，要设计出多种不同层次的作业，并且将这些作业设计成选项，学生可以自行对这些作业进行选择并完成。一些学习成绩稳定且良好的学生可以适当增加研究应用类型的作业，而减少传统的知识型作业，可以要求学生通过学习资料的查询掌握更多的课外知识，而对于学习态度有待提高的学生可以布置一些基础性的作业，帮助他们提高自己的学习地理的基础，提高学生的记忆力等，这种自主选择的方式也可以在一定程度上带给学生更多学习的乐趣。

（2）开放性作业设计。这种类型的课后作业的设计是为了让学生能够将课堂上学习的知识进行灵活运用，在一定程度上可以锻炼学生的抽象思维，进而提高学生的创新能力。其主要包含以下几个方面：一是要进行一种题目多种解法的练习。在高中地理课程教学过程中，许多问题的答案不止一个，教师可以将这种问题编入学生的课后作业中，帮助学生开拓自己的思维，不只局限于问题的答案只有一个，还能够提高学生勇于创新的能力。二是要在作业中对学生的阅读能力培养进行开放性设计。许多学生的抽象思维能力并不差，但阅读理解的能力却有待提高，学生对于地理知识的学习不能只是思维理论上的学习，也要有实际知识的学习，所以要鼓励学生在生活中学习地理，充分利用网络的便利条件，进行地理知识的查询，并且利用好学校以及外界的阅览资源，进行直观地理知识的学习，学生经过实践后就能够对原本难懂的地理知识有更深层次的理解，原本不能理解的问题也能够找到相应的正确答案。

（3）探究型作业设计。地理的学习是需要不断进行探究的，这种探究型课后作业是必不可少的，教师要对学生的地理学习进行引导，帮助学生主动重视生活中的一些地理现象，并不断探究这些现象形成的原因，在这个探究过程中开展一系列地理实验，从而让学生了解到地理的一些学习方法和规律。一是要加强学科之间的联系，地理这门学科并不是独立存在的，而是与其他学科密切相关的。因此，在设计具有探究型的课后作业时要将多门学科联系起来，形成一个综合的作业。二是要在作业中设置课题研究的部分，一个人的独立思考的确十分重要，学生在高中地理学习的过程中也需要这种独立思维，但是小组学习对个人学习能力的提高也有极大的帮助，同学之间可以相互交流地理学习中的经验，并提出自己在探究过程中出现的问题，小组内的认真讨论可以使得这些问题得到有效解决，这种小组讨论也能够增强学生进行探究学习的积极性。

（三）地理整合学习的考试评价

1. 考试评价的种类和功能

考试评价作为一种判断活动，是通过考试等多种形式了解教育状态的行为，一般情况下是以考试为主，主要通过笔试的形式进行。而考试评价在发展的过程中也存在一定的问题，许多考试评价过分注重成绩，而忽略了这种评价的实际目的，并导致一些其他教学问题的出现，因此，考试评价需要进一步发展和创新。考试评价分为三个类型：一是发展性考试，这种考试一般是由学校组织的，如平时的小测试、期末考试等，其主要目的就是对学生的学习情况有一个大致的了解，教师也可以根据学生的成绩情况对自己的教学方法等进行改进。二是水平性考试，一般情况下，这种考试是毕业考试，目的就是了解学生能否达到毕业的标准，从而为学生颁发相应的毕业证书。三是选拔性考试，这种考试的组织者是相关的职能部门，为学生进行高一年级的学习提供可以进行参考的依据，这种考试与发展性考试类似，但相对于以上两种考试，这种考试的功能性更强。

2. 高中地理考试试题命制的评价

（1）试题的命制。高中地理试卷指定的主要依据是高中的地理课程标准，如果高中地理试卷不符合教学课程中的标准，那么高中地理的试卷便不具备应有的意义，并且也会对许多地理教师的教学产生不良影响，使得教师没有办法掌握高中地理的实际标准，也无法实现素质教育这一目标。反之，教师们会采用题海战术，让学生通过机械反复的试题练习来提高地理习题的正确率，这样的方法必然会导致教育的失败，无法真正提高学生的能力，所以，高中地理试卷的内容是需要多方共同研究和分析的。

（2）试卷中的问题。一是试卷缺乏科学性。科学性是高中地理试卷进行设计过程中必须坚持的基本原则，试卷的内容要依据科学实际进行展开，绝不能有主观想法的添加，不同于文学类的试卷在设定题目时可以进行开放性设置，地理试题必须具有客观性，客观的试题才是有意义的。二是地理试卷中情境的模拟。高中地理试卷中的实验题目容易出现误差，没有办法确定实验中的数据是否正确，也正是因为这些实验情境的虚拟性，导致试卷本身的质量受到严重的影响。三是试题的条件没有交代清楚。地理试题的语言必须符合逻辑，尽量做到简洁明了，但是研究发现，很多高中地理试题的语言不但十分啰唆，而且并不精准，没有办法准确表达试题原有的意思，这就为学生答题造成一定的障碍。四是试题问题的指向不明确。问题的指向是地理试卷制作过程中的一个不能忽略的方面，试卷中问题的设置要具有一定的难度变化，逐层加深，这样才能为学生的答题指明方向和思路。五是试卷的难度偏大。高中的地理试卷的确需要有一定的难度，但部分地区的试卷难度偏大，并不适用于高中生，有些高中地理试题中进一步加大了计算的难度，这种对计算难度的过分强调并没有任何益处，在一定程度上偏离了高中地理试卷的本质要求，容易使学生失去对地理这一学科学习的热情。

3. 高中地理考试评价的组织方式

地理这一学科对人类的重要作用是不言而喻的，在很大程度上推动了人类社会的进步和发展，并使得人类对自然界有了更深层次的认识，当然也帮助人类的思维得到良好的发展。地理包括实验和理论两个部分，地理实验帮助人类了解世界，而地理理论让人类认识到自然界的基本规律。正因如此，考试评价的组织方式也是多种多样的。一是操作型考试评价。有些人以为学习只是理论上的东西，实际上学习的结果是为了实际的应用，而这种操作类型的考试，能够帮助学生了解在实际操作中的具体步骤和方法，将这些知识深深地印在脑海中，成为自己知识储备中的一部分，从而培养学生的动手能力，提高学生的实践能力。二是开放型考试。这种考试让学生不只是坐在教室中进行考试，鼓励学生走出教室，并给予他们一定的空间和时间，让他们能够利用自己可用的一切资源进行考试题目的材料的搜索，并对这些材料进行整合，形成答案，并且可以对彼此间的答案进行讨论，教师再对考试的整个过程进行评价。这种考试可以帮助学生大胆发言，提高学生的自信心。三是随机口头考试评价。这是一种强化学生记忆的学习方式，通过随机提问，给学生展现自己学习成果的机会，能够流利地回答出问题说明该学生已经掌握了相应的知识，而没有回答出问题的学生也能根据老师提出的问题进一步对相关知识进行学习，从而真正掌握这些知识。

六、高中地理教学评价的组织与实施

（一）高中地理教学评价的组织

所谓地理教学评价组织，是指为完成地理教学评价任务、实现评价目的，选拔一定数量的评价人员，组成的结构合理、权责分明、精干有效的评价机构。

（二）高中地理教学评价的实施

通常情况下，学校地理教学评价的实施主要包括以下5个步骤。

1. 确定目的

现代学校地理教学评价要解决的首要问题便是为什么要进行评价的问题。一般来说，评价目的不同，评价的组织形式、内容和方法也不同。

2. 成立机构

在成立地理教学评价小组或机构时，要遵循“具体方法，具体实施”的原则，根据不同的情况成立不同规模和性质的机构。它可以是临时性的，也可具有长期的连续性和稳定性，但无论成立什么样的机构都必须具有权威性。评价机构或小组一般由专家和分管领导组成，其负责全部评价工作的组织领导。

3. 制定标准和指标体系

由于地理教学的评价范围广泛，因此，在明确地理教学评价的目的之后，就要考虑评价内容。换句话说，就是将地理教学评价的目标进行具体化分析，使其分解成多层次的具体目标体系。具体包括以下两个步骤：第一步，确定一级指标，然后将一级指标分解成二级指标。第二步，将二级指标分解成三级指标，以此类推来构成合理的地理教学评价指标体系。

4. 收集信息

收集信息是学校地理教学评价实施阶段的重要环节。

5. 判断结果

在资料收集完成后，就应对其进行加工、处理，从而为评价结果提供必要的依据。这也是对评价结果做出正确、科学判断的有效依据。地理教学评价的目的不仅仅是做出评价结论，而是为了激励评价对象不断提高自身的能力和地理教学质量，因此评价结论不仅要对评价对象的各方面素质进行综合判断，而且还应指出其在教学过程中存在的优点和问题，分析原因并提供改进办法和措施。具体来说，对评价结果的处理主要包括以下4个方面。

（1）反馈评价结论、意见或建议。通常情况下，进行这项处理需要双方面对面交流，以免出现纰漏或问题。同时，在评价结束后，评价人员应定期对评价对象进行回访，以保证改进措施的落实。

（2）对评价活动本身的质量进行评价。对评价活动本身的质量进行评价是为总结评价的经验教训、修改评价方案提供依据。

（3）撰写评价报告。所谓评价报告，是指对本次评价过程与结果的总结，以书面的形式呈现。

（4）在实施评价过程中及时修正。由于再完善的方案也无法全部规划地理教学评价的行为，因此，在地理教学评价的过程中，要尽量减少评价活动本身的误差。通常，控制误差时应注意以下几个方面的问题：

第一，充分依据评价机构的集体力量来保证队伍的规范化，评价人员之间要有相互制约的机制，从而减少或避免评价人员随意行为的出现。

第二，要尽可能提高测评工具的有效性。

第三，要多渠道、多侧面地收集评价资料，确保资料的代表性、真实性。

第四，控制评价对象可以控制的要素，使之真实、全面地反映其真实情况。

第二节 高中地理的教师评价与学生评价

一、高中地理的教师评价

（一）教师评价观

我国现行的教师评价体系存在着两种截然不同的评价观：以奖惩为目的的教师评价观和以促进发展为目的的教师评价观。奖惩性教师评价是基于教师的工作表现而做出的终结性评价，这种评价着眼于教师过去已具备的素质、已承担的职责和已取得的工作成效，其最终目的是奖励和惩处，而发展性教师评价是基于教师的专业发展而进行的形成性评价，这种评价着眼于教师工作中的优势与不足，依托评价为教师提出中肯、可行的意见和建议，其最终目的是激励和促进发展。两种截然不同的教师评价取向，使教师评价在评价目的、评价功能、评价类型、评价主体、评价关系、评价结果等方面迥异，主要表现为：

第一，就评价目的而言，奖惩性教师评价以加强教师绩效管理为目的；发展性教师评价以促进教师专业发展为目的。

第二，就评价功能而言，奖惩性教师评价特别注重甄别与选拔的功能；发展性教师评价强化评价的促进与发展功能。

第三，就评价类型而言，奖惩性教师评价是终结性评价；发展性教师评价是形成性评价。

第四，就评价主体而言，奖惩性教师评价主张由学校领导或校外专家担任评价者，是单一化的评价主体；发展性教师评价强调从学校领导、教师自己、同事和学生等多角度来听取意见、收集资料，提倡多元主体性评价。

第五，就评价关系而言，奖惩性教师评价是一种自上而下的管理控制型评价；发展性教师评价是一种平等协商型评价。

第六，就评价结果而言，奖惩性教师评价拒绝评价对象对评价结果的介入和干预，评价过程难以得到评价对象的积极参与，评价结果很难得到评价对象的认同；发展性教师评价强调评价双方的沟通、协商、理解与合作，欢迎评价对象介入评价过程，这样可以大大提高评价对象对评价结果的认可程度和接受程度。

人们可以看出，随着教育评价的发展，在教师评价的问题上，存在着两种截然不同的评价观。“观念是行动的先导”，不同的评价观促使人们在选择评价内容、设计评价方法、制定评价标准等方面采取不同策略，至于在实践活动中究竟应该选择哪种评价观，这要从实际出发，根据评价目的、评价类型、评价对象等而定，这样才能真正发挥评价的应有功能。

（二）教师评价实施

教师评价是一项差异性比较大的工程，不同类型的教师评价，其实施程序是有区别的，即使是同类型的教师评价，因组织者的不同，其评价的主体、评价的标准、评价的方法也是不同的。下面从教师评价的主体、教师评价标准的制定、教师评价方法的选择三方面进行阐述。

1. 确定教师评价主体

教师评价主体回答的是“谁有资格评价教师”的问题。关于谁有资格评价教师的问题要考虑两个因素：一是这个主体必须懂得教育教学规律，熟悉教师情况，熟悉课堂教学情况；二是这个主体必须有一定的教育评价能力。教师评价的主体依然可以分为内部评价和外部评价。内部评价即教师自我评价，外部评价主要包括专家评价、领导评价、同行评价、学生评价等。

2. 制定合理的教师评价标准

教师评价标准是评价教师的依据，教师评价标准都是针对某一类教师而制定的，如骨干教师评价标准、合格教师评价标准、新教师评价标准等。合理的教师评价标准的制定尤其需要关注以下两个问题。

（1）依据角色定位遴选评价对象。教师评价首先需要对教师角色进行定位，通过角色定位选择评价对象。角色决定一切，不同角色的教师，其努力方向不同，教学态度不同，外显的教学行为不同，其评价的标准也应该不相同。评价教师，首先要明确是称职或不称职教师评价，是普通教师还是优秀教师评价，是县级、市级还是国家级骨干教师评价，是专家型教师还是新手教师的评价。要通过角色定位完成两个任务：①遴选评价对象。教师评价有针对全员教师的评价，也有针对部分教师的评价。称职与不称职教师评价一般是全校性教师评价活动，而骨干教师评价、优秀教师评价则是针对部分教师的评价。②拟订评价标准。不同角色教师，其评价指标以及指标的等级是不同的。比如，评价骨干教师，“能力评价”是骨干教师评价不可缺少的标准之一，而评价新教师，“基本功”则是必须评价的内容之一。就骨干教师的能力而言，与一般教师的能力标准也是有区别的。首先是教育教学能力，即教学基本功扎实，听课、评课能力强；其次是科研能力，即科研意识强，科研水平高；最后是培训能力，即能培训指导其他教师，能发挥专业引领作用等。

（2）依据角色定位分配评价权重。评价权重的分配要根据角色定位而定。相同的评价内容在不同的评价类型中的权重是不一样的。例如，“教师职业道德”评价指标，就新教师评价而言，其所占权重偏大；就骨干教师评价而言，其所占权重偏小。在评价标准的制定过程中，有两项内容需要确定权重，一项是评价指标的权重，另一项是评价主体的权重。在教师评价标准体系中，教学工作是核心工作，其权重应该大一些。此外，就大多数学校而言，在发展性教师评价定位中，学生评价主体权重最大，其次是教师本人，再次是领导，最适宜的大致划分是：学生（45%）+教师本人（30%）+领导（25%）=100%。

3. 选择适宜的教师评价方法

教师评价的方法一般有听课评价法、听取汇报法、抽样检查法、行为观察法成果分析法、问卷调查法等。听课评价法是日常监督、检查、考核教师的主要方法。听取汇报法，即定期举办教师集体工作汇报展，或私下找教师单独汇报工作，以了解监督其工作进度、完成程度和质量的方法。抽样检查法是为了检查教师某方面情况而经常采取的考核方式之一，如检查教学备课笔记、检查教师批改作业的情况、检查教师继续教育学习的情况等。抽样时要根据考核目的决定是采取有意抽样检查还是随机抽样检查，或者是分层抽样检查。另外，参加教师的教育教学活动，也是学校领导考核教师常用的方法。不同的教师评价方法适用于不同的教师评价主体和不同的评价内容。下面着重介绍行为观察法、成果分析法、问卷调查法等评价方法。

（1）行为观察法。行为观察法是通过观察教师外显的行为表现来考核教师内在教学素养的方法，这是课堂教学评价常用的方法，也是评价新教师的主要方法之一。不同成长阶段的教师，其教学的外显行为不同，因而折射出的教育教学理念也不同。观念是行动的先导，通过观察教师行为，可以找到教师教学行为的缺陷，判定教师教育教学的理念，通过有效的反馈途径，促进教师自觉地改进教学，促进专业成长。其具体做法是：第一，组织现场观摩活动，或者视频观摩活动（如一个课时）。第二，教师上课，评委观摩。着重观察教师的课堂行为表现，有条件的地方最好安装摄像设备，对教师的课堂行为全程摄像。第三，反馈信息。如果是课堂摄像，则可以回放给授课者，通过观看课堂录像，让授课者自己对照、反思，找到适合自己的课堂行为表现；如果没有摄像，则需要评价者采用书面报告的方式告知评价对象。行为观察结果可以采取定性和定量相结合的呈现方式，做到有理有据。

（2）成果分析法。成果分析法是通过查阅教师背景材料来评价教师教育教学水平的方法。这是基于结果的评价方法，是专家评价教师常用的方法之一，是评价优秀教师、骨干教师等以奖赏为主的评价方法。其具体做法是：根据评价标准准备评价材料，材料的准备一定要真实可信，要齐全，最好是原件材料；评价者根据标准整理材料、分析材料，写成评价报告。成果分析法是在占有数据基础上做出的定性评价，因而具有很强的说服力。成果分析法一般与奖励挂钩，因而有一定的激励作用，能满足教师对荣誉的渴望。

（3）问卷调查法。问卷调查法是通过设计问卷来收集教师评价所需要的信息并以此评价教师的方法。问卷调查法既适合评价所有教师，也适合评价某一类型教师；既适合教师评价所有内容，也适合教师评价部分内容。因此，问卷调查法是教师评价中常用的方法，其具体做法是：设计问卷，问卷一定是有效问卷；选定问卷主体，进行问卷调查；收回问卷，筛选有效问卷；整理、分析问卷，撰写教师评价报告。

二、高中地理的学生评价

学生评价是指在一定的教育价值观的指导下，根据一定的标准，运用一系列方法对学生学习进展与行为变化进行系统分析和价值判断的活动。学生评价是教育评价的主要内容之一，学校办学水平的高低、教师教学效果的好坏，直接体现在学生的学习质量上。狭义的教育评价就是指以学生为对象的评价。

（一）学生评价的内容

学生评价到底应该包括哪些内容是我们最关心的问题。评价内容应依据评价目标来确定，学生评价的目标源自社会的教育目标。尽管在不同的历史阶段，教育目标的表述不尽相同，但是，全面发展始终是教育目标追求的最终结果。《基础教育课程改革纲要》指出，评价不仅要关注学生的学业成绩，而且要发现和发展学生多方面的潜能。对学生的评价理应包括对学生知识与技能、过程与方法、情感态度与价值观等方面发展状况的评价。有些学者认为，学业成绩是指学生在认知方面的成就，学业成绩是学生评价的一个内容。但是，学生评价除学业成绩外，还包括对学生智能、态度、个性以及兴趣、爱好的评价。我国基础教育课程改革“促进教师成长和学生发展的评价体系研究”项目组将学生评价分为学业评价和非学业评价。非学业评价的对象是学生的情感态度与价值观、学习过程与方法。也有学者指出，学生评价的重点不在于检验学生是否很好地掌握了特殊的学校课程，而主要在于评价学生是否准备好去应对未来的挑战，他们是否能够有效地分析、推理与交流自己的思想观点，他们是否有终身学习的能力。基于以上分析，面向全体、全面发展的素质教育的学生评价可从学生基本素质、学习过程和学生学业三方面内容来评价。

（二）学生评价实施

学生评价内容体系的构建基本解决了“学生评价什么”的问题，接下来需要关注的是怎么评价的问题，好的评价内容必须建立在有效的实施途径上。下面从学生评价的主体、学生评价标准的制定、学生评价方法的选择等方面加以说明。

1. 确定学生评价主体

在评价主体价值取向上，学生评价强调多元化的主体参与，注重发挥教师、同学、学校、社区、家长在学生评价中的不同作用，尤其注重发挥学生自己在评价中的主动性。学生评价的主体一般包括学生自评、同学互评、教师评价等几方面。

（1）学生自评。学生是学习活动的主体，学生的学习活动需要教师的管理，更需要自我管理。学生主体性的表现之一正是在于通过自我评价实现自我管理。因为学生非常清楚自己的优点和缺点，通过学生自评，从自身的角度出发，本着实事求是的原则，对自己各方面素质进行反思与评价，可达到“以评促发展”的目的。学生自评的常用方式是自我描述性评语与等级评定，即通过自我描述，反思自己的进步与不足；通过等级评定，知晓自己在团体中所处的位置。但是在操作过程中，往往存在着由于评价技术的缺陷以及对评价本身认识的不足而出现过低或过高地评价自己，评价抓不住重心以及评价走形式等弊端。因此，学生自评的关键是教师要指导学生提高评价技能，以帮助学生正确评价自己。

（2）同学互评。同学互评是学生评价的重要方式。在同学互评中，同班的每一位同学都既要扮演评价主体的角色，又要扮演评价对象的角色，即每位学生既要评价别人，又都被别人评价。这样可使评价更全面和真实，更有利于评价主体主动反思。在实际操作中，同学评议占多大权重，同学评议的形式采用什么方式，评议结果怎么处理，评议的公正性怎么把握等，都是非常重要的问题。

（3）教师评价。在学生评价中，参与评价的教师可以是班主任，也可以是学科教师。教师在对学生进行评价时，必须以正确的教育指导思想和国家的教育方针政策为导向，评价要符合学生心理发展规律和年龄特点，并以此做出公正客观的评定。随着教师评价在学生评价中权重的增加，为保证教师评价的方向性、科学性和公平性，可以采用成立教师评价小组参与学生评价工作，小组成员可以由授课一年以上的有责任心的教师构成。为保证评价的公正客观，应实行严格的公示制度、诚信制度、评估监控制度等，杜绝腐败现象的发生。

2. 制定合理的学生评价标准

正如学校评价标准、教师评价标准需要关注指标分解、指标解读、权重分配一样，学生评价标准在拟订过程中依然要考虑这些问题。除需要考虑这些问题之外，学生评价标准还需要关注以下几个问题。

（1）标准的制定要遵循协商优先的原则。学生评价的核心理念是如何通过评价更好地促进学生发展，促进学生发展的评价标准一定要合理而有效，学生评价标准的有效性在于学生对标准的理解和认可。被学生理解、认可的评价标准，才能吸引他们主动参与，才能真正将评价作为学生学习的组成部分，从而发挥评价的诊断和激励功能。因此，与学生协商制定评价标准是促使标准有效的前提条件之一。因为，不同学生的学习方式与认知方式是不相同的，不考虑学生实际情况，采取一把尺子度量所有学生的做法，显然得不到真正想要的结果。正如阿姆斯特朗所言：“如果一个学生主要通过图片来学习知识，那么让他去学习文字性的新型材料，他就会难以掌握材料的主题。相同的，如果一个学生习惯于动作表达，当要他做纸笔测验时，他就会难以表达他所知道的东西。”因此，与学生协商制定评价标准是使标准有效的前提条件之一，应组织相关评价者与学生互相磋商，共同讨论评价内容和评价方式，最大限度地发挥学生参与评价的热情，体现“人人了解评价，人人参与评价，不同的人在不同的评价中得到不同发展”的评价理念。

（2）不同评价指标应选择不同评价方式。不同评价项目的评价方式以及结果的处理方式是不同的。就评价方式而言，有笔试、口试，有开卷考试、闭卷考试。就地理考试类型而言，学业考试一般采取闭卷考试，综合素质考试一般采取口试。此外，不同的评价项目其结果的处理方式也不同，如道德品质评价应该以学生的日常表现为依据，通过观察、访谈、查阅学生档案袋等方法给予学生公正而客观的评定，考核结果一般以等级评定的方式呈现。

3. 选择适宜的学生评价方法

学生评价的关键是收集能客观、全面地反映学生情况的相关资料，反映学生发展的资料在数量和种类上越丰富，评价就越合理、越公正、越明智。由于学生发展的多样性与复杂性，决定学生评价资料的收集方式也是各式各样的，常用的评价方法有调查、观察、测验、分析等。这些方法各有所长，如调查可以了解学生的观点、兴趣、态度；观察可以了解学生的动作、技能和行为；分析可以了解学生某些不太外显的技能和情感；测验可以了解学生的学业成绩与学习能力。在学生评价中，选用可行的方法，对于准确、客观和实事求是地收集和处理评价信息，提高评价的可靠性和有效性，都具有重要意义。

第三节　高中地理课堂教学评价实施的现状及改革策略

教学评价是教育活动中必不可少的一部分，积极有效的课堂教学评价应该是客观的、具有导向性和参照性的。新课改以来，教育部门和学校更加注重教学评价的开展，发挥其促进教学的最大作用。课堂教学评价能够帮助教师优化教学内容和方法，匹配适合大多数学生能力的教学策略，合理配置教学资源，推动教学的有序开展，同时能够启发学生的智力和情感，调动他们的学习积极性，促进教师和学生共同成长。

一、高中地理课堂教学评价的现状分析

高效、科学的地理教学评价有助于地理课堂教学目标的顺利实现，反馈给教师最真实的教学信息，及时地对地理教学计划做出相应的调整，从而提高地理课堂教学整体水平。目前，我国学校开展教学评价遇到了发展中的瓶颈期，为课堂教学带来了一些消极作用，主要表现在以下几方面：第一，地理课堂教学评价标准还不够完善，没有做到面面俱到。主要体现在一套教学评价标准能够安插在任何一门学科里，没有学科限制。然而，不同的学科具有不同的标准，如果只制定一套统一的教学评价标准，就难以取得期望中的效果，更不可能提高地理教学质量。第二，地理教学评价过于单一，在绝大部分地理课堂教学中，课堂教学评价主要是来自教育部门和学校领导，而教学中最主要的两个角色被忽略，导致教师和学生失去了话语权，在这种单一课堂教学评价的影响下，很难真正全面地衡量教学效果。

二、高中地理课堂教学评价改革的策略研究

（一）创新地理课堂教学评价标准

创新地理课堂教学评价的标准是建立在基本的评价标准之上的，所以一定要将基本的评价标准制定规整，为创新工作打好基础。首先，注重学生的能力发展。地理教学评价标准要考核学生在学习过程中是否具有合作学习的能力，当学生走入社会，合作既能帮助他们打开人脉关系，还能提高工作的高效性。因此在评价中要注意教师是否指导学生形成小组式教学，传授学生合作意识以及与人交流的方法。其次，新的评价标准应当适当的强化学生的情感体验。在地理教学评价过程中，可以采用访谈的形式，让大家畅所欲言，方便教师了解学生的真实想法，为培养学生的情感认知制定有效的方法。最后，新的地理教学评价标准允许个性的存在。每一个人都有自己的认知和想法，对待同一件事的看法可能会有一百种认识，所以，教师要鼓励这种“异类”的存在，彻底解放学生的思想，大胆创新。

（二）树立一个全新的地理教学评价观念

我国以往的课堂教学评价都是观课式，总是在强调教学目标的实现、教学方法的成功、学习氛围的和谐等，却忽略了学生的接受能力。我国的地理课堂教学评价一定要彻底转变这种落后的观念，树立一个全新的、科学的新评价观。一方面，新的地理教学评价要以学生的关注点出发。教学的内容是不是能够引起学生的关注和兴趣，教师讲得再好，学生不喜欢不愿意主动去学习掌握，评价再高也不算是好的教学。另一方面，改变地理教学评价功利性的用途。目前，我国的教学评价主要是用于教师的评优评先、评估学校的教学水平，对学生并没有什么益处。教师要主动远离这个功利性的评价，明白教书育人的真正含义，刻意去淡化考评中的分数高低意识，而是更加注重学生能力的提升和情感认知的发展。

（三）地理教学评价多元化发展

教学评价的多元化发展包括很多方面，给予教师话语权、同业人员的指导权、学生家长的参与权，才能实现课堂教学评价的多样化。首先，给予教师话语权。通常情况下，教师是被评判的对象，他们要接受教育部门和学校领导对自己工作的监督、评判和认可。而事实上，真正参与到教学，与学生朝夕相处

的人是教师本身，他们才应该有更多的话语权。其次，同业人员的指导权。正所谓内行看门道，多邀请有经验的教师来观摩教学，给予一些专业的评价和指导对教学质量的提高具有重要意义。最后，学生家长的参与权。教育中不可忽视的家庭教育对学生的健康成长也同样重要，学校和家长的强强联合有助于教学的有效开展，促进学生的学业进步。学校可以组织家长参加课堂公开课，让家长积极参与到评课活动中，鼓励家长为教师的教学提出宝贵意见，帮助教学得到改进。

综上所述，一个科学有效的地理教学评价体系是提高教学质量的助推器。目前的地理教学评价还存在一些问题，一定要正视问题的存在，改革创新地理课堂教学评价，为学生习得知识清除障碍。改革评价标准、树立全新的评价观、开展多元化的评价，尽全力去推动教学的健康发展。

三、地理教学评价的发展对策

（一）不断发展和完善地理教学评价的体系

1. 保持评价主体的多维性

随着学校地理教学制度的改革，地理教学评价的主体也发生较大改变，从之前的教师与学生，逐渐发展为目前的多元化结构，即教师、学生、家长、校方和社会团体等。这也改变了传统地理教学评价主体的单一化现象，避免了地理教学评价的局限性和不全面性。例如，对于学生的地理学习评价，教师对学生在校内的地理活动有着较为权威的认识，但是家长却能够清楚地认识到学生在校外的地理活动表现，而家长的评价在传统地理教学评价中很难得到重视，这就造成了学生地理学习评价的局限性。因此，教师在进行地理教学评价时必须保持评价主体的多维性，这是保证评价结果全面性和准确性的必要条件。

2. 注重评价客体的多维性

教师进行地理教学评价时，由于个体的差异性，使得被评价的对象之间存在一定差异，这就很难通过统一的评价标准来进行衡量。过去并没有对此情况给予足够重视，而长期发展下去，必然对学生的地理学习兴趣造成不良后果。因此，教师在进行地理教学评价时，一定要注意评价客体的多维性。这就要求在进行地理教学评价前，应对评价对象的具体情况进行分析，并以此为依据进行分组评定，从而实现地理教学评价的公平性，使每一个参加地理教学评价的个体获得成就感，提高其参加地理学习的积极性。

（二）建立多元化的地理教学评价模式

在以往的地理教学评价过程中，模式过于单一，往往是以上级对下级的主观评价为主。其主要的评价方式是结果式和量化式的评价，从而很难对评价对象做出真实、科学的评价。因此，为了实现现代地理教学评价的全面性、科学性和真实性，关键是建立起人性化、多元化的评价模式。例如，采用“教师评价+学生自身评价+家长评价”的模式，并将肯定性的语言描述与过去的打分制相结合，对形成性评价方式给予更多的关注，实现与被评价者的交流和人性化、多元化的发展。

（三）建立健全地理教学评价的反馈机制和保障机制

获得评价信息的关键方法和唯一途径便是反馈，健全的地理教学评价反馈机制是评价活动有效开展的关键性条件。信息论的观点认为，信息是一个系统实现有效控制的基础，而反馈则是评价主体获取信息的途径，所以地理教学评价的反馈机制是否健全，直接影响着地理教学评价系统是否能够得到有效控制。为此，建立多条反馈渠道是保证地理教学评价主体能够及时收集到有效评价信息的关键。例如，学生评价反馈渠道、家长评价反馈渠道；丰富评价反馈的内容，如在反馈的同时附上评价对象在整个学习过程中的表现以及需要改进的地方，同时提出希望等；改变以往在学期结束之后的反馈，实行学习过程中的反馈。此外，为了保证评价反馈机制的有效运行，还应建立地理教学评价反馈机制的监督机构，以便对学校地理教学评价反馈情况进行监督。通常来说，规章、条例制度可对评价主客体在评价活动中的行为起到约束和控制作用，为地理教学评价活动起到保驾护航的作用。地理教学评价中之所以出现了一些问题，其缺少规章制度或者对规章制度的漠视是重要的原因之一。例如，在进行地理教师自评和互评时受利益、人情等因素的困扰易导致评价的形式主义和评价结果的失真等；评价的规章制度起着约束全校师生及相关工作人员在评价中的行为的作用，所以学校相关部门应总结评价经验，深入调查，听取广大师生的建议，建立实际可行的评价标准规章制度。

四、高中地理课堂评价体系构建

（一）从评价理念上构建——正确理解评价实质

课堂教学改革是新课改实施的关键。可以这样说，新课程实施的成败取决于课堂教学的改革。如果在课堂教学中，教师的教学观念、教学行为习以为常，学生的学习方式依然如故，那么课程改革必将流于形式，事倍功半，甚至劳而无功。因此，教师必须正确理解评价的实质，清楚评价。课堂评价是指教师在课堂上对学生的学习表现所进行的即时性的评价。目前，课堂评价存在着随意化、一元化、形式化等问题，究其原因恐怕还是在认识上存有偏差。“评价本质上是一种通过协商而形成的心理建构”。既然是“协商”“心理建构”，就要求教师通过一种民主协商的方式与学生进行平等的交流与对话，关注评价带给学生的心理变化。把评价的目标不仅仅锁定在学生的知识技能表现上，更重要的是把过多的视角停留在评价对学生的情感态度与价值观的引导上，停留在对个体生命的终极关怀上，让课堂评价体现出一种“人文情怀”。学生是有思想、有个性、有丰富情感的人，教师要悉心观察，随时走近他们。评价不能简单地判定为是与不是、好与不好，这不是评价双方单纯地交换信息、就有关活动与目标之间是否符合等问题达成一致意见的过程，而是师生间心灵与心灵相约、相遇、相和谐的过程。在这个过程中，师生的角色发生了根本性转变。课堂上教师不再是居高临下的主宰者，而是要走到学生中间，成为学生发展的促进者、合作者、服务者、探究者、帮助者、引导者。清楚认识了课堂评价的实质、明确了评价过程中师生的关系，作为教师首先要做的就是把“以学生发展为本”的观念落实到课堂评价行为中去，也就是了解、理解和尊重每一个学生。要彻底摒弃功利思想，拒绝个人偏见，不以一时成绩好坏、一时回答对错论英雄。只要是以一份真诚与爱意浸入学生的精神世界，哪怕是一个眼神、一丝微笑、一次抚摸都能激发学生的求知欲望。“就知道你一定能回答出来”比“没想到你也能回答出来”更能给人以慰藉和自信，更会让学生心存感动甚至感激。

（二）从评价态度上构建——切实端正评价态度

新课标明确指出，课堂评价的目的是“考查学生达到学习目标的程度，更是为了检验和改进学生的学习和教师的教学，改善课程设计，完善教学过程，从而有效地促进学生的发展”。能激发内心驱动力的评价，不仅要注重情感因素，而且应该内容真实，言之有据，切不可苍白无力。所以，课堂评价必须要有实事求是的科学态度，具体问题具体分析，切忌盲目、片面。这就要求课堂评价具有准确性、针对性、客观性、具象性。

1. 准确性

准确性是课堂评价最基本的要求，要求教师对学生能因人而异、因时而异做出不同的评价，而这些评价又恰恰能给学生以提醒或纠正。准确得体的评价语言不仅能对学生的学习给予客观、公正、合理的评价，而且能达到师生之间心灵的沟通与理解，加深师生的情感。

2. 针对性

针对性是指评价学生的发言一定要清楚、具体，不能模糊不清或模棱两可，让学生无所适从。有限的课堂教学时间内，教师不可能对所有学生的所有表现都进行评价，这就要求教师的评价要具有针对性。有针对性的评价能让学生在进一步学习时目的明确、信心坚定、兴趣浓厚，从而提高学习的效率。针对各个教学环节的特点，也要运用于不同的评价方式。

3. 客观性

新课标指出，“定性评价和定量评价相结合，更应注重定性评价。客观地描述学生学习地理的进步和不足，并提出建议”。教师要想使评价有实效，就一定要客观评价。课改以来，由于强调对学生的赏识教育，一些教师陷入误区，对学生的发言不管好坏对错，一味赞美，错误地认为如果去客观评价，不表扬就是不尊重学生、不爱护学生，就是没有领会好课改的精神等，这种认识有待于提高。在评价时，教师既要及时肯定学生的成功与进步，又要鲜明地指出学生存在的不足与错误，让学生清醒、正确地认识自我，进而主动改进自我，完善自我，促进自身发展。这样一分为二、实事求是的评价，不仅使学生能对自己的学习效果和能力有一个科学的正确估计，还能知道自己的不足，找出努力的方向。

4. 具象性

评价语言具象性就是指评价语言更为具体，更为形象，刺激学生感官时有很强的可感性。课堂评价语言具象化的方式，在具体运用中不是孤立的、静止的，而是动态的、交叉重叠且相辅相成的。课堂评价语言，是教师对学生课堂表现所做的即兴评说，也是教师教学理念的外在显现。第一，应尽可能活用文本中的关键词语进行评价。教师可以活用文本中的词语对学生进行评价，可以刺激“内视觉”，诱发学生联想生活体验，使他们如见其人、如闻其声、如临其境。第二，应尽可能利用互动中的学生语言进行评价。教师可以利用学生的语言进行评价，不仅是对语言被“利用”的学生的一种奖赏，而且这样的评价语言非常符合所有学生已有的认知水平。第三，应尽可能接近学生的某个最近发展区进行评价。教师应掌握能够针对不同学生进行语言评价的表达策略和技巧，在教学活动中，教师可以根据学生的不同学业水平、不同态度、不同心理、不同个性，比较恰当地进行具体评价。第四，应尽可能调动自身姿态、表情、动作进行评价。如果把评价语言作为一种信息，作为学生所要感知的对象，教师还应注意充分发挥体态语言的可感性作用。通过自身身姿、手势、表情、目光等配合课堂评价语言，拓宽师生之间信息传输的渠道，多方位地刺激学生的视觉和听觉。教师利用各种动作、表情等来补充、丰富和强化自身的评价语言，增强评价语言的表现力和感染力，帮助学生深度感知评价语言。因此，教师在运用具象化语言进行评价的同时，要善于运用得体的姿态、丰富的表情、优雅的动作来辅助评价，以增强评价语言的听觉感知性，增进师生之间的情感交流，展示地理教师的课堂风采。

（三）从评价内容上构建——时刻关注学生发展

地理课堂评价的最终目的是促进学生地理素养的发展，促进学生整体素质的全面提高，因此应特别关注学生在地理学习中的努力程度和发展状况。

1.“知识与技能”方面的评价

“知识与技能”方面的评价，要求教师关注学生是否学会了语言知识，是否掌握了一定的语言技能。

2.“过程与方法”方面的评价

“过程与方法”方面的评价，要求教师关注学生在学习过程中是否真正理解了课文内容，完全投入地参与过讨论；是否获得了自己的情感体验。在课堂上，要全方位地关注学生，了解学生的学习过程，以此来找准评价学生的“点”。

3.“情感态度与价值观”方面的评价

“情感态度与价值观”方面的评价，要求教师关注学生学习的积极性和主动性，关注学生的自信心，以及对学习的兴趣等方面。在课堂上，教师要善于观察每一个学生，关注他们的一举一动，领会他们的心声。对那些课堂上表现积极踊跃的学生要及时鼓励。

（四）从评价技巧上构建——认真研究评价技巧

教学是科学，也是艺术。新课程背景下的课堂教学应该是一个轻松的过程，是一个感受幸福的过程，是一个开启智慧的过程，是一个充满创造的过程。因此，高中地理课堂教学评价需要以艺术化的态度去关爱学生生命的发展。艺术化的课堂评价，能够给学生以人文关怀，带给学生学习的幸福感，架起师生之间情感的桥梁，促进师生共同成长。

1. 适合

（1）评价要适时。原则上，对于学生的课堂学习评价以及时为主，但是，当学生的学习结论未能明确的时候，教师也要适当地延迟评价时间，让学生有进一步明确和重新得出结论的时间。

（2）评价要适度。评价的词语与评价的事情要对得上号，不能过度夸张，超值的嘉奖会让学生产生一种惰性，使学生对老师的评价抱有怀疑的态度，这就要求教师要把握评价语的“尺度”和“温度”。

第一，尺度，就是针对不同层次的学生采用不同标准的评价语，教师要掌握各种可比性材料，并艺术性地加以运用，进行有效的激励。

第二，温度，就是根据课堂的不同阶段注意评价用语的“升温”。一堂课的起始和高潮，往往需要教师以其富有情感的语言纵情渲染，创设一种富有感染力的情境，不断地为课堂“升温”，从而使学生有持久地参与学习的动力。

（3）评价要适量。评价语要适可而止，不能滥用。那种动不动就把小红花发得满天飞的课堂，不管学生的思考是否到位，也不管学生的回答是否有可取之处，无论什么回答都用“好”去评价，这样的课堂评价肯定是没有什么效果的。

（4）评价要适宜。教师不能总是用那种空洞的语言来评价学生，像“好”“不错”“很棒”等，而应该用具体的描述性的语言，让学生知道自己是因为什么原因而被表扬。

2. 幽默

幽默作为一种课堂教学语言艺术，不仅能博人一笑，产生愉悦感，而且还能从笑声中给人以智慧的启迪，产生意味深长的美感效应。因此，趣味盎然、幽默风趣的语言是课堂教学语言最好的一剂“调味品”，也是评价语言的首选。用幽默的方法说出严肃的真理，比直截了当地提出更能让人接受。这样的评价语言，诙谐中见真情，幽默中见力量，学生会于一笑中受到感悟，学到知识。诙谐幽默的评价语言，不仅能促进学生思维的敏捷性和灵活性，使课堂教学妙趣横生，还能消除学生受挫后的难堪心理，融洽课堂气氛。

3. 灵活

课堂评价不能过于简单化、教条化、模式化，变换的评价更能吸引学生。教师可将有声语和体态语相结合，将预设语和随机语相结合，根据学生反馈的信息或突发情况，临时调整原先预设的口语流程，巧妙应对，创新地对学生进行评价。针对不同的学生，教师可以根据课堂的需要灵活地运用各种评价方法：对于学习能力一般的学生给他们简单的问题，回答正确后给予他们肯定的评价，一句赞美就可以树立学生的自信；对于学习能力强的学生给他们一些具有挑战性的问题，这样既避免他们因为问题简单而过于自负，又增加了他们的好奇心，回答正确后给予适当的评价。

4. 动情

教师的评价对学生的情绪和情感影响颇深，而情绪和情感又是人内在的动机力量，直接影响学生的学习动机。因此，教师的评价应该注重情感投入。地理课堂教学中，教师的评价语言必须是发自内心的，对学生的赞美一定要真诚而亲切。因为只有发自肺腑的表扬和与鼓励，才能触动学生的心灵，增加他们学习的动力，使他们进入学习的最佳状态。

（五）从评价结果上构建——追求最大评价效益

1. 营造氛围

教学是一种沟通的艺术，需要在特定的环境中进行。营造宽松、民主的评价氛围是实施课堂评价的重要前提。要想营造宽松、平等、民主的课堂氛围，教师必须从根本上改变师生关系，变评价为交流和疏导，给学生发言的机会，当学生有了表达的欲望时，教师再加以引导，加强鼓励，就能创设一个良好的课堂教学氛围，提供实施积极有效的课堂评价的前提。只有把评价对象放在平等的地位，充分地尊重学生，才能逐步养成欣赏、认同他们看问题的不同立场、方式和方法的习惯，才能珍视学生独特的感受和体验。

2. 耐心倾听

进行高中地理课堂评价时，教师要注视学生，倾听他们的表达。课堂上，学生的发言、提出的问题不一定是教师所“需要”的，有时甚至是一些奇思怪想、奇谈怪论。面对开放的课堂，面对学生的多元反应，教师必须善于观察，善于倾听，要有敏锐的目光和睿智的思想，能够透过现象看本质，抓住结果看过程，从过程分析中归纳思维的规律与方法，敏捷快速地捕捉教学过程中的各种信息。就学生在课堂教学时的实时表现，与学生平等交流，耐心倾听，并在充分交流的基础上，给出自已的评估结果。教师是课堂教学的组织者和引导者，学生参与课堂学习活动的兴趣，很大程度上要靠教师的评价来维持。科学有效的课堂教学评价对提高学生的自信心和自尊心，对形成他们的个性和训练他们的语言表达能力都有极大的帮助。

3. 正面引导

课堂评价不能单纯地为评价而评价，它必须要为课堂教学服务。所以，课堂中的评价要体现其引导性功能。以鼓励为主，但也要有批评，在表扬的同时还应注意客观的评价指正，使学生在挫折中吸取教训，明确努力的方向。教师要善于运用充满智慧的语言，从闪光点上引导学习的方法，暗示学习的习惯，让学生有努力的方向，使课堂评价成为“方向靶”，起到“抛砖引玉”的效果。

参考文献

[1] 王民，吉小梅，潘天士.信息技术与地理教学整合［M］.北京：北京师范大学出版社，2016.

[2] 向超.高中地理实践活动［M］.长沙：湖南大学出版社，2015.

[3] 冯广飞.地理［M］.重庆：重庆大学出版社，2018.

[4] 吴小娟.高中地理教学中存在的典型问题及对策探微［J］.学周刊，2020（6）：55.

[5] 熊锋.翻转课堂教学模式在高中地理教学中的导入分析［J］.科学咨询（教育科研），2020（1）：110–111.

[6] 王婉霞.核心素养导向下问题驱动教学模式在高中地理课堂教学中的实践［J］.西部素质教育，2019，5（24）：65–66.

[7] 路建强.地理知识点生活化教学在高中地理教学中实现路径探索［J］.课程教育研究，2019（51）：181.

[8] 杨慧茹.微课在高中地理教学中的应用研究［J］.中国新通信，2019，21（23）：194.

[9] 马玉萍.翻转课堂在高中地理教学中的运用探析［J］.成才之路，2019（34）：33–34.

[10] 窦涵霏.高中地理教学中思维导图的应用探究［J］.中国校外教育，2019（35）：52–53.

[11] 王岩.探索在高中地理教学中培养学生的空间认知能力［J］.才智，2019（33）：3.

［12］赵建能，赵文权.解析高中地理有效性课堂教学策略［J］.学周刊，2019（32）：46.
［13］周玉琴，黄小兰，高赛格，等.高中地理问题式教学评价研究［J］.中学地理教学参考，2019（17）：55–58.
［14］尹晓红.高中地理课堂教学目标设计策略与研究［J］.学周刊，2019（19）：50.
［15］曹慧阳.高中地理教学中提升学生人文素养的方法研究［J］.新课程研究，2019（13）：115–116.
［16］曹娟.合作探究教学法在高中地理课堂中的应用策略［J］.名师在线，2019（11）：72–73.
［17］代领.多措并举演绎精彩地理课堂——新课改背景下高中地理有效课堂教学策略［J］.华夏教师，2019（11）：33–34.
［18］吴小梅.试论形成性评价在高中地理教学中的运用［J］.成才之路，2019（10）：62.
［19］路一平，赵春子，董玉芝.弗兰德斯互动系统对高中地理课堂的教学评价［J］.中学地理教学参考，2019（4）：16–18.
［20］王磊.新课改背景下高中地理课堂教学策略研究［J］.华夏教师，2019（6）：50.
［21］张磊.基于地理核心素养视域下的高中地理课堂教学策略［J］.课程教育研究，2019（4）：185.
［22］朱厚军.优化高中地理课堂教学策略研究［J］.成才之路，2018（33）：67.
［23］王兴华.高中地理课堂有效教学策略分析——以《水资源的合理利用》为例［J］.课程教育研究，2018（36）：172–173.
［24］李全.高中地理课堂导入教学策略探究［J］.西部素质教育，2018，4（9）：251.
［25］王明军.基于学情的高中地理实验教学对课堂教学有效性的影响评价［J］.课程教育研究，2018（18）：163–164.
［26］吴荣龙.新课程改革下的高中地理课堂教学策略［J］.当代教研论丛，2017（11）：63.

［27］张永胜.高中地理有效性课堂教学策略初探［J］.新课程研究（上旬刊），2017（11）：105–106.
［28］吴才刚.我区高中地理课堂教学中存在的问题与对策［J］.西藏教育，2016（11）：21–22.
［29］殷青.分析高中地理分组学习的必要性［J］.中国校外教育，2020（3）：88.
［30］何刚.高中地理教学中的电子书应用实践［J］.中小学数字化教学，2020（1）：60–63.
［31］刘亚如.高中地理问题式教学的有效性研究［D］.济南：山东师范大学，2019.
［32］高桃飞.高中地理核心概念教学现状及改进策略研究［D］.开封：河南大学，2019.
［33］杨珍.高中地理生活化教学研究［D］.聊城：聊城大学，2019.